Guía de trabajo de la Biblia

Una guía fácil para principiantes que desentraña lo esencial de los 66 libros

Índice

Introducción

La *Biblia* puede ser intimidante al acercarse a ella por primera vez; ver fijamente ese gran libro en la estantería acumulando polvo puede ser un poco desmotivador. Entonces lo abre y se encuentra con un lenguaje complicado escrito en párrafos largos y difíciles, así que se desanima por completo después de unas cuantas frases.

Las *Escrituras* no tienen por qué ser esa obra compleja reservada a los mayores eruditos del mundo. Este libro lo guía sin problemas a través del estudio de la *Biblia*, brindándole las claves suficientes para entender el texto y los temas que recorren los 66 libros que componen la *Biblia*. Navegar por las múltiples capas de cada libro como texto histórico y espiritual es una tarea gratificante que puede revelar mucho sobre usted mismo. A medida que avanza por los detalles de cada libro, emerge una narrativa global de esperanza y redención, al tiempo que se desvela la soberanía de Dios.

Estudiar la *Biblia* no debe ser un mero ejercicio intelectual. Al sumergirse en sus páginas, los mensajes divinos cobran vida y el corazón se alinea con la adoración a Dios. Tanto los creyentes como los no creyentes pueden beneficiarse de esta guía de trabajo, ya que anima a entender el texto bíblico a través de una lente erudita utilizando las lecciones de sus páginas como un camino para conectar con el Altísimo. De este modo, el libro le facilita transformarse en una mejor versión de usted mismo.

Los aspectos teóricos de la guía descubren significados teológicos, políticos, lingüísticos y éticos. Los ejercicios prácticos le ayudan a aplicar el texto a su vida de forma significativa. Algunas guías de estudio bíblico se centran demasiado en la educación, mientras que otras no proporcionan el contexto necesario para que la sabiduría espiritual cobre vida. Esta guía equilibra a la perfección lo erudito y lo espiritual para comprender cada rincón de las *Escrituras*.

Desde las leyes de Moisés y las enseñanzas sapienciales de Salmos y Proverbios hasta los escritos proféticos y la gracia salvadora de los evangelios, este es un recorrido por el camino de una antigua tradición viva. Al explorar esta sabiduría atemporal, puede introducirse en el lado espiritual de su ser, despertando la realidad del Dios de Israel tal como se describe en la *Biblia*.

Siga los pasos de los profetas hasta los apóstoles, a medida que la historia alcanza su clímax con la venida de Jesús, que murió por los pecados del mundo. Descubra los detalles y el contexto de los evangelios y aprenda por qué siguen siendo relevantes en el mundo moderno. Además, desentrañe los entresijos de las profecías para entender los misterios de la escritura simbólica y abrazar plenamente los mensajes aplicables en la actualidad. Trabajando diligentemente con las teorías y actividades de estas páginas, obtendrá los conocimientos para comprender y encarnar las enseñanzas de las *Escrituras*.

Capítulo 1: Comprender el contexto histórico de la *Biblia*

La *Biblia* no es un libro histórico; es más bien un *texto espiritual*. Sin embargo, hay aspectos históricos de las *Escrituras* que debe comprender para entender el libro en su totalidad. Estudiar historia puede ser complicado porque no es una ciencia exacta, como la ingeniería o la física, donde las pruebas y evidencias son más sólidas y prácticas.

La mayor parte de la historia se basa en pruebas arqueológicas y testimonios interpretados desde diversos puntos de vista. Además, quienes escribieron los textos basados en pruebas históricas también tenían sus propios puntos de vista y prejuicios. Por ello, el estudio en este campo es sólido, pero muchos eruditos discrepan. Este libro presenta el contexto histórico de la *Biblia* desde distintos puntos de vista para ofrecerle una imagen completa e imparcial del texto. De este modo, usted podrá armar el rompecabezas y sacar sus propias conclusiones críticamente basándose en los datos disponibles.

La *Biblia* no es un libro histórico, es más bien un texto espiritual[1]

La exploración de la *Biblia* comienza por comprender que no es solo un libro sagrado, sino una compilación de 66 libros, dependiendo del canon que se examine. Por ejemplo, el canon ortodoxo etíope contiene 81 libros, bastantes más que la ampliamente aceptada versión *King James*. La comprensión de la *Biblia* ha cambiado a través de diversos conceptos históricos y acontecimientos geopolíticos, por lo que se lee de forma diferente según las escuelas teológicas o las interpretaciones de los eruditos. Por tanto, el texto está vivo y evoluciona según la época y la región. Comprender estas complejas dinámicas requiere toda una vida de estudio. Sin embargo, una visión general puede orientarlo en la dirección correcta para facilitarle opiniones más informadas.

La historia de la *Biblia*

La historia del *Antiguo Testamento* es el establecimiento de una identidad israelita. La *Biblia*, por supuesto, es entendida de manera diferente por los distintos lectores en función de sus creencias y opiniones preexistentes. La corriente más literalista de la interpretación bíblica acepta como cierto el linaje de los israelitas procedente de Abraham y el relato del *Éxodo* en el que Israel se convierte en una nación en Egipto. Sin embargo, cuando se sopesan las pruebas arqueológicas, este relato es inconsistente.

La nación israelita y sus creencias probablemente provienen de una amalgama de personas del antiguo Medio Oriente que por la situación política y cultural quisieron independizarse y establecer una nueva nación. En el texto se esconden pistas sobre este punto de vista en relación con las leyes. En el *Deuteronomio*, hay leyes como la de no plantar semillas diferentes en una misma porción de tierra, la prohibición de llevar tejidos mixtos y la prohibición de casarse con extranjeros. Estas leyes buscaban enfatizar la separación y establecer una nueva nación a partir de la pluralidad de los semitas occidentales.

En esencia, los israelitas son los cananeos, aunque la *Biblia* lo plantea como una narración de conquista. La identidad israelita es una continuación de las tradiciones cananeas que fueron adaptadas en la narrativa del pueblo elegido. Por ejemplo, el nombre Yahvé procede del panteón cananeo, y El, un término general que se refiere a deidades, puede vincularse a un dios con el mismo nombre. Por lo tanto, cuando se estudia la *Biblia* desde el punto de vista histórico y se minimiza el aspecto de la revelación divina, la historia general se transforma por completo. En lugar de percibir a los cananeos o semitas occidentales como villanos, se les considera los progenitores de la cultura israelita.

En el *Nuevo Testamento*, surge otra evolución de la identidad israelita. La mejor manera de concebir las doctrinas del *Nuevo Testamento* es abrir la fe israelita. La herencia del Reino de Dios ya no se centra en la primogenitura, sino que se introduce el concepto de adopción en el Reino a través del sacrificio de Jesucristo. Este enfoque abierto de la religión cambió radicalmente los lazos tribales y nacionalistas que dominaron la fe durante siglos. Ahora, los gentiles también podían entrar en el Reino mediante la adopción. Antes se pensaba que Israel era el hijo de Dios, pero en este nuevo marco cristiano se coloca a Jesús en esa posición, creando la verdad de la salvación a través de Cristo.

Cronología bíblica

La historia evoluciona continuamente y como la *Biblia* es una tradición viva, la historia aún no ha terminado de desarrollarse. Aunque la *Biblia* fue canonizada en el siglo III, la comprensión del texto cambia continuamente. En movimientos religiosos como la Reforma protestante y los posteriores desarrollos en América tuvo lecturas muy diferentes. Hoy en día los textos se interpretan constantemente a través de lentes contemporáneas, lo que significa que la historia está en continua evolución. Por lo tanto, hay que pensar en la historia bíblica como algo vivo y dinámico.

Sin embargo, la cronología histórica de la *Biblia* puede dividirse en siete periodos clave en términos de redacción, compilación y canonización.

Edad del Bronce tardía

En esta época del desarrollo de la tradición bíblica se sentaron las bases y las tradiciones de la religión. La Edad del Bronce tardía se extendió entre los años 1550 a. C. y 1200 a. C. Ugarit (en el norte de Siria) era una bulliciosa ciudad cosmopolita en la que se seguían prácticas religiosas y culturales muy diversas, algunas de las cuales evolucionaron hasta convertirse en las costumbres y leyes israelitas. Deidades como Asherah, Baal y El eran adoradas en esa región. Las tres se mencionan por su nombre en la Biblia, y una de ellas, El o Elohim, hace referencia al Dios de los israelitas.

Durante el reinado del faraón Merneptah, se menciona a Israel en la estela de Merneptah (una inscripción del faraón que reinó en el antiguo Egipto entre 1213 y 1203 a. C.), lo que coincide con la narración del *Éxodo* de los esclavos israelitas en Egipto. La estela se jacta de las victorias sobre varios grupos cananeos, incluido Israel, y termina con la afirmación: «Todo el que estaba inquieto, fue atado». Es discutible que el *Éxodo* bíblico dirigido por el profeta Moisés sea un acontecimiento literal debido a la falta de pruebas arqueológicas de millones de personas que han buscado en el desierto del Sinaí. Sin embargo, el relato del *Éxodo* puede haber sido verídico y exagerado en el texto.

Primera Edad de Hierro

En la primera Edad de Hierro ya había identidad israelita firmemente forjada y esto se puede ver en los textos. Algunos dichos del *Génesis* y poemas de *Jueces 5* tienen su origen en este periodo. Esta época de la nación israelita era predinástica, con tribus que cooperaban entre sí y que reivindicaban la identidad israelita. La arqueología ha descubierto inscripciones en objetos de metal de este periodo, como puntas de flecha con nombres y versículos funerarios. Cerca del final de la primera Edad de Hierro, Israel tuvo su primer rey, Saúl, que precedió al legendario rey David.

Segunda Edad de Hierro

Este periodo de la historia israelita es cuando la nación emergió como una fuerza poderosa en la región. El gobierno del rey David y su tratado con Tiro establecieron la hegemonía de Israel sobre las culturas vecinas. Tras el rey David, el famoso rey Salomón estableció relaciones comerciales y diplomáticas con Egipto, y se construyó el templo de Jerusalén.

Tras la muerte de Salomón, Israel se sumió en la confusión y se dividió en el Reino del Norte de Israel y el Reino del Sur de Judá. Jeroboam I se convirtió en el primer rey del Norte. Entre el 900 a. C. y el 800 a. C. se creó la inscripción calendárica de Gezer, una de las primeras fuentes escritas de hebreo. Secciones de los *Salmos* y de *Samuel 2* remontan sus orígenes a este periodo. Se teoriza que partes del *Antiguo Testamento* proceden de la compilación de dos fuentes: la fuente J (que utiliza el nombre *Yahvé*, posteriormente traducido por Jehová) y la fuente E (que utiliza el nombre *El o Elohim*). Es posible que la fuente J se haya originado en el Reino del Sur entre el 900 y el 800 a. C.

Entre el 882 y el 871 a. C., Omri estableció la capital del Reino del Norte en Samaria. Más tarde, el rey Acab creó una coalición con Tiro, que se solidificó tras su matrimonio con la infame Jezabel. Durante esta época surgieron muchos de los profetas más destacados de la Biblia, como Elías, Eliseo, Isaías y Oseas. En la segunda Edad de Hierro se escribió la mayor parte del *Deuteronomio*. Oseas, el último rey de Israel, actuó como vasallo del Imperio asirio. Muchos escritos del *Antiguo Testamento* circulaban durante la segunda Edad de Hierro, entre ellos los *Salmos*, los *Proverbios* y el *Primero* y *Segundo Reyes*. Los israelitas entraron en el cautiverio babilónico con la caída de Jerusalén y la destrucción del templo.

Periodo persa

En este periodo, Judá se convirtió en una provincia del Imperio persa. Bajo el gobierno de Ciro, se permitió a los israelitas regresar a su patria. Un primer grupo de judaítas, dirigidos por el gobernador Sesbasar, regresó a Judá. El siguiente gobernador de la provincia persa de Judá fue Zorobabel. Reconstruyó el templo de Jerusalén, pero esta versión no era tan prestigiosa como la primera. En colaboración con el líder religioso Jesúa, bajo la inspiración de la profecía de Ageo, emprendieron el proyecto de restaurar la dignidad de Israel. Tras la reconstrucción del templo, Nehemías reconstruyó las murallas de Jerusalén. Los libros de *Daniel, Ester, Crónicas, Cantar de los Cantares* y la compilación sacerdotal de los *Salmos* se completaron entre los años

300 a. C. y 400 a. C. También se encuentra que *Job*, en su forma moderna, puede haber sido terminado en esta época.

Periodo helenístico

El periodo helenístico de la historia bíblica abarca desde el 333 a. C. hasta el 165 a. C., comenzando cuando Alejandro Magno conquistó Egipto y el Levante. Debido a conflictos en el seno del sacerdocio, se inició la creación de la orden sacerdotal samaritana. Una vez muerto Alejandro, su reino se dividió entre sus generales, incluyendo el Egipto ptolemaico y los seléucidas en Siria. Alrededor del 200 a. C. se escribieron los primeros *Rollos del Mar Muerto* y se redactó la traducción griega, la *Biblia Septuaginta*. Judea se rebeló contra los seléucidas, que dieron paso a la monarquía macabea. A finales del periodo helenístico, muchas de las escrituras del *Antiguo Testamento* estaban ampliamente difundidas, y la *Torá* y los escritos proféticos se consideraban fidedignos.

La monarquía macabea

La monarquía macabea comenzó con la derrota de los seléucidas, que habían dedicado el templo de Jerusalén a Zeus. Una vez derrotados sus ejércitos, el templo fue restaurado, instituyendo el gobierno de Judas Macabeo sobre Judea. La restauración del templo se celebra en el *Libro 1 Macabeos*. Tras el gobierno de Judas, su hermano Jonatán tomó el relevo y luchó contra los nabateos, lo que impulsó la fortificación de Jerusalén. En esta época, los conflictos en el seno del sacerdocio dieron lugar al desarrollo de múltiples comunidades, una de las cuales fue el Movimiento de los Rollos del Mar Muerto.

Época romana

Este es probablemente el periodo más popular en la conciencia general porque fue la época en la que nació Jesucristo. Dado que el cristianismo es la fe más practicada en el mundo actual, tiene sentido que esta época sea la más conocida. El periodo romano tuvo un impacto significativo en la religión judía moderna porque fue cuando se completaron los escritos talmúdicos. Los libros del *Nuevo Testamento* se recopilaron entre los años 50 y 100 d. C. basándose en las tradiciones orales transmitidas por la creciente religión cristiana. En el año 70, los romanos destruyeron el templo de Jerusalén. Tras años de persecución, los romanos adoptaron el cristianismo como religión de Estado, lo que contribuyó a que la fe se extendiera hasta convertirse en lo que es hoy en día.

Actividad cronológica

En el siguiente espacio, dibuje una línea de tiempo con los periodos clave de la historia bíblica. Destaque los acontecimientos importantes y explique cómo se relacionan con el relato bíblico.

La geopolítica y la identidad israelita

En el antiguo Oriente Próximo habitaban muchas tribus, lo que dio lugar a una pluralidad de creencias espirituales. Al ser una ruta comercial, las tribus nómadas cruzaban la zona, contribuyendo a los sistemas locales. Además, las conquistas y los conflictos en Oriente Próximo influyeron decisivamente en la forma de entender la religión. Al examinar el texto bíblico, se encuentran influencias de estos diversos grupos. Por ejemplo, el *Nuevo Testamento* se escribió predominantemente en griego debido a la contribución helenística a la cultura judaica de la época.

La exploración de la *Biblia* requiere saber que se produjo en distintas zonas y épocas de Oriente Próximo. La influencia de asirios, egipcios, hititas y edomitas es evidente cuando se entiende el contexto concreto en el que surgió el texto. Algunos citan incluso el antiguo Egipto como influencia de la *Biblia* a través de las narraciones de resurrección y como una de las primeras formas de monoteísmo bajo el gobierno de Akenatón. Sin embargo, en lugar de que una cultura alimentara a otra, es más acertado decir que el mestizaje de la zona facilitó la aparición y difusión de ideas similares. Por ejemplo, la religión del zoroastrismo persa pudo influir en la idea judía de una fuerza negativa personificada como Satán y el Dios positivo que libra una batalla.

Dentro de las tradiciones israelitas, había diversidad de pensamientos. Parte de la razón por la que el estamento religioso judío estaba en contra de la aparición de Jesús como figura mesiánica era el desastroso impacto que pensamientos similares habían tenido en el pasado. Las opiniones judías de la época estaban divididas entre dos escuelas principales: los maestros que se centraban en la ley; y las escuelas mesiánicas, que profetizaban un mesías venidero que los liberaría del dominio romano. Jesús no fue la primera ni la única figura mesiánica que surgió en rebelión contra los romanos. Los prototipos de mesías más violentos que lideraron rebeliones y las masas que los siguieron fueron rápidamente capturados y asesinados por los soldados romanos. La clase sacerdotal y dirigente de Judá se percató de que este ciclo se repetía, por lo que presionó para alejarse de las interpretaciones apocalípticas de los textos por motivos de autoconservación. De ahí que tuvieran problemas con Jesús, uno de una larga serie de mesías.

Muchas de las leyes, enseñanzas e interpretaciones de la *Biblia* empiezan a tener sentido a través de la comprensión de los conflictos internos judíos, los desacuerdos entre tribus que habitaban la misma zona y los numerosos conflictos que se produjeron. Además de la geopolítica en la literatura, existe también el elemento de la revelación divina, que trata de la profecía cumplida y del reino sobrenatural. Muchos estudiosos se abstienen de este aspecto sobrenatural de la *Biblia* porque no hay forma de probarlo o estudiarlo. Sin embargo, si se considera que la revelación divina es cierta, se puede replantear el significado de la *Biblia* y contribuir aún más a la formación geopolítica del libro, porque las decisiones de los creyentes suelen estar impulsadas por su fe y por cómo interpretan sus creencias. La firme creencia de los mártires que murieron por el cristianismo en distintas épocas es la razón por la que esta religión se extendió tan lejos. La gente se asombraba de la convicción que demostraban los primeros creyentes y se sentían atraídos a unirse a la fe por la que todos estaban dispuestos a morir. Por tanto, la interacción entre fe, política e historia hace de la *Biblia* una de las compilaciones textuales más cautivadoras de la historia.

La *Biblia* y el pensamiento crítico

El cristianismo, el judaísmo y la interpretación moderna de la *Biblia* podrían haber sido totalmente distintos si algunos momentos clave hubieran transcurrido de manera diferente. Por lo tanto, el pensamiento crítico en el sentido bíblico requiere minimizar los prejuicios y revisar toda la información disponible para sacar conclusiones sobre el texto. Estudiar la *Biblia* requiere toda una vida de dedicación. Existen numerosas traducciones y comprensiones teológicas del texto, por lo que se encuentran congregaciones cristianas y escuelas de pensamiento judías con ideas contradictorias, a pesar de que sus líderes han dedicado innumerables horas a buscar la verdad de la *Biblia*.

Están surgiendo nuevas formas de interpretar el texto con movimientos como el cristianismo progresista, que destaca los aspectos de justicia social del *Evangelio* y pretende que el cristianismo sea más inclusivo para diversos grupos, como la comunidad LGBT. En la actualidad hay mucha información y los datos viajan tan rápido que se puede acceder a ellos de inmediato. Además, hay más acceso a la información del que tuvieron muchos de los eruditos y entusiastas bíblicos del pasado. Esto significa que el pensamiento crítico es ahora más importante que nunca debido a la afluencia de información y a la avalancha de opiniones contradictorias.

El quid del pensamiento crítico consiste en adaptarse a la nueva información en lugar de permanecer firme e inamovible[2]

El quid del pensamiento crítico es adaptarse a la nueva información en lugar de sostener una opinión firme e inamovible. Tener la mente abierta a nueva información y analizarla de acuerdo con las últimas investigaciones proporciona el principio fundamental para una comprensión más completa de la *Biblia*. Tener en cuenta factores como las traducciones, la política, la historia y la interpretación teológica del texto proporciona una visión completa. Si estudia con mente abierta, podrá acercarse a una visión completa de esta antigua compilación de libros que ha sido tan determinante en darle forma al mundo.

A medida que avance en la lectura de estos capítulos, obtendrá más información sobre la *Biblia* y aprenderá a pensar críticamente y a cuestionar las narraciones que se le presentan, evaluando los detalles con un ojo crítico y desentrañando los secretos más valiosos.

¿Cómo entiende actualmente la *Biblia*?

_____

_____

_____

_____

_____

¿Qué influye en esa opinión?

_____

_____

_____

_____

¿Está dispuesto a que se cuestionen sus puntos de vista? ¿Por qué sí o por qué no?

_____

_____

_____

_____

Actividad de investigación

Investigue las diferencias que surgen cuando una persona acepta la revelación divina para interpretar el texto bíblico y cuando una persona rechaza las intervenciones sobrenaturales.

¿Cómo se entiende el desarrollo de la antigua religión israelita y del cristianismo posterior a través de la interpretación de la revelación divina?

¿Cómo se entiende el desarrollo de la religión israelita y del cristianismo si se rechaza la revelación divina?

¿Cuáles son las posibles razones geopolíticas e históricas por las que la *Torá*, o *Pentateuco*, se escribió y recopiló tal y como se conoce en la actualidad?

¿Qué razones geopolíticas e históricas dieron lugar a la transición de las tradiciones orales de los primeros seguidores de Cristo a los *Evangelios* estandarizados en escrituras?

Capítulo 2: Del *Génesis* al *Deuteronomio*: los cinco primeros libros

Los cinco primeros libros de la *Biblia*, la *Torá* o *Pentateuco*, son fundamentales para la estructura narrativa del texto. La belleza de las *Escrituras* radica en que, a lo largo de cientos de años, han sido moldeadas desde el punto de vista de diferentes autores y en distintos contextos culturales, y sin embargo han dado lugar a una narración global. Las estructuras y las lecciones morales de los cinco primeros libros de la *Biblia* siguen resonando y desarrollándose a medida que avanza la historia.

Los cinco primeros libros de la *Biblia*, la *Torá* o *Pentateuco*, son fundamentales para la estructura narrativa del texto[3]

En este capítulo, se habla profundamente de los elementos temáticos de la *Torá* y se examina cómo aplicar esas lecciones hoy en día. La *Torá* sirve como un espejo en el que mirarse para reflexionar sobre la propia vida y la sociedad, desde la formación de la ley moderna hasta la forma en que la civilización está moldeada por las experiencias personales. Puede decirse que el *Pentateuco* es la parte más esencial de la *Biblia*, porque todas las historias que siguen se construyen sobre los temas revelados en estas poderosas narraciones. Explore la relación de Dios con la humanidad y sus interacciones para revelar historias milagrosas de juicio, misericordia, redención y salvación desde el *Génesis* hasta el *Deuteronomio*. Las historias atemporales y los principios que revelan siguen siendo igual de relevantes, por lo que explorarlas puede ayudarle a desvelar muchas cosas sobre usted mismo y sobre cómo encarnar algunos de los principios más elevados de la verdad.

Trama de las narraciones clave del *Génesis* al *Deuteronomio*

La trama central que recorre los cinco primeros libros de la *Biblia*, o la *Torá* (palabra hebrea para ley) es la complicada relación de Dios con la humanidad. El Dios israelita es un replanteamiento radical de la forma en que el mundo antiguo entendía las deidades. Aunque el Dios de la *Biblia* recurre a muchas de las mismas prácticas y acuerdos que otros dioses, la diferencia central es el amor. El punto vital de la *Torá* es que, aunque Dios se enfada y maldice a su pueblo, mantiene siempre una relación paternal a lo largo de la lucha constante entre obediencia y rebelión.

Génesis

La palabra *Génesis* es sinónimo de principio. El *Génesis* se centra en el inicio del cosmos y prepara el escenario para el comienzo de la relación de Dios con la humanidad. El cosmos comienza como un lugar caótico e inhabitable, o como la *Biblia* lo llama, «sin forma y vacío». Entonces Dios lo ordena, creando un mundo al que constantemente se refiere como «bueno». La *Biblia* presenta a los primeros seres humanos, Adán y Eva. Algunos los interpretan como personas literales, mientras que otros toman la historia de forma más simbólica. En cualquier caso, sus nombres tienen un significado. Adán significa «Humanidad» y Eva significa «Vida». De este modo, estos dos personajes fueron los primeros representantes de la relación de la humanidad con Dios.

The First Book of Moses Called

Genesis

CHAPTER 1

IN the ᴿbeginning God created the
heaven and the earth.   John 1:1, 2
2 And the earth was without form,
and void; and darkness was upon the
face of the deep. ᴿAnd the Spirit of
God moved upon the face of the wa-
ters.   Ps. 33:6, Is. 40:13, 14
3 And God said, ᴿLet there be
light: and there was light.   2 Cor. 4:6
4 And God saw the light, that it
was good: and God divided the light
from the darkness.
5 ᴿAnd God called the light Day,
and the darkness he called Night. And
the evening and the morning were the
                                    Ps. 74:1

after his kind, w
upon the earth:
12 And th
grass, and he
kind, and
whose see
kind: and
13 A
ing we
14
light
to d
let
a

El *Génesis* se centra en el inicio del cosmos⁴

Adán y Eva aún no habían recibido la ley, que llegaría más tarde con el profeta Moisés. Sin embargo, Dios les puso la norma de no comer el fruto del Árbol del conocimiento del bien y del mal. Cuando comieron el fruto, dejaron de seguir los deseos de Dios y empezaron a confiar en su propio entendimiento, lo que tuvo consecuencias devastadoras.

El tema de los humanos siguiendo sus deseos en contra de lo que Dios les pide se repite a lo largo de la *Torá*, especialmente en el *Primer libro* del *Génesis*. Allí sucede el primer asesinato cuando Caín mata a Abel. Luego Lamec, su descendiente, se jacta de que su maldad es aún mayor, lo que finalmente lleva a la historia de la torre de Babel, donde la humanidad intenta construir una estructura para alcanzar los cielos. En este ejemplo se desarrolla un poco más el tema de los caprichos de la humanidad porque, en lugar de seguir las directrices de Dios para acercarse a Él, intentaron conseguirlo por sus propios medios. Dios no quiere matar a todos los humanos impuros que no pueden acercarse a él, así que muestra misericordia y confunde sus lenguas para dividirlos en naciones. En ese momento, cada nación tiene su dios, pero a través de Abraham, el Dios de Israel revela que es más grande que todos, lo que se hace más significativo después, en el *Éxodo*.

Antes de Abraham, está la historia de Noé, que construyó un arca antes de que Dios inundara la Tierra. Tras generaciones de maldad, Dios se hartó y decidió acabar con el mundo. Noé y su familia entran al arca y se salvan mientras el mundo se inunda. Esta es una de las representaciones más sorprendentes de la justicia y la misericordia de Dios, porque no destruye a todo el mundo, sino que da una oportunidad a unos pocos fieles. El siguiente protagonista de la narración bíblica es Abraham, a través del cual Dios estableció el sistema de pactos. Dios hizo tres grandes promesas a Abraham. En primer lugar, que tendría muchos descendientes. En segundo lugar, que obtendría tierras para su pueblo. Y, por último, que todas las naciones serían bendecidas a través de su descendencia.

Interpretación del arca de Noé[5]

Jacob, el hijo de Abraham, recibió su primogenitura y tuvo doce hijos. Su hijo favorito fue José. Jacob le regaló a José un abrigo de colores, lo que provocó los celos de sus hermanos, que conspiraron para asesinarlo, pero terminaron vendiéndolo como esclavo. Con los dones que Dios le había dado, José ascendió en la escala social y se convirtió en una de las personas más poderosas de Egipto. Tiempo después, la hambruna asoló muchas naciones de Medio Oriente, lo que llevó a los hermanos de José a buscar refugio en Egipto. Llegaron a Egipto y descubrieron que su hermano ocupaba un alto cargo y podía ayudarles. Él les contó cómo Dios había convertido en prosperidad sus planes de maldad. Este es el instante en que se revela por primera vez el aspecto de transmutación de la *Torá* y, por extensión, de la *Biblia*, porque el poder omnisciente de Dios pudo transformar el mal en justicia, incluso cuando parecía no haber esperanza.

Éxodo

Algunas generaciones después de José, los israelitas fueron esclavizados en Egipto por un faraón malvado. Así comienza la narración del *Éxodo*, en la que Dios libera a los israelitas de su cautiverio bajo el liderazgo de Moisés. Como el faraón se negó a liberar a los israelitas, Dios envió terroríficas plagas a Egipto, haciendo hincapié en la justicia. Por ejemplo, la última plaga mataba a los hijos primogénitos de los egipcios, por lo que el faraón ordenó el asesinato de los hijos mayores de Israel. Los israelitas tenían que sacrificar un cordero de Pascua y frotar la sangre en sus puertas para evitar que mataran a sus primogénitos. La sangre en la *Biblia* representa la vida, así que esto simbolizaba que solo la vida podía entrar por las puertas de los israelitas. Esto está relacionado con la última parte de la *Torá* (en el *Deuteronomio*), cuando Moisés insta a los israelitas a elegir la vida.

El *Éxodo* narra cómo Dios libera a los israelitas del cautiverio[6]

En el mundo antiguo existía el concepto de reyes soberanos y reyes vasallos. Los reyes vasallos eran gobernados por reyes soberanos de naciones o imperios más grandes. Para mantener la paz, llegaban a acuerdos llamados pactos. Estos pactos solían tener ciertos elementos en común. En primer lugar, destacaban la generosidad del rey soberano, que permitía que la nación del vasallo viviera de una determinada manera y le ayudaba a derrotar a sus enemigos. A continuación, incluían maldiciones, que eran las consecuencias que se producían si el rey vasallo rompía el acuerdo. También se incluían bendiciones, que eran los privilegios de los que gozaba el rey vasallo bajo el dominio del soberano. Por último, había rituales de recuerdo para reforzar el contrato, que solían hacerse bajo los nombres o tradiciones de los dioses de ambos reinos. Este sistema se reflejaba en el sistema de pactos que Dios estableció con el pueblo de Israel tras su huida de Egipto, que se analiza con más detalle en el *Libro de Levítico*.

Levítico

El relato levítico muestra el restablecimiento de la relación de Dios con el pueblo de Israel. Al principio de la historia, Dios habitó entre los humanos, hasta la caída de Adán y Eva, causada por su desobediencia. En el *Levítico*, Dios cierra el castigo y decide habitar entre los hijos de Israel. Ordena la construcción de un tabernáculo, que era como una tienda-templo en medio del desierto. Una vez construido, Dios habitó en él para guiar a Israel.

Moisés no podía entrar en el tabernáculo y los sacerdotes que entraban en él indebidamente morían, lo que dio lugar a la institución de leyes y protocolos para garantizar la pureza de quienes accedían. En primer lugar, se instituyeron leyes dietéticas que establecían lo que se podía comer y lo que no. En segundo lugar, se instituyeron estados de pureza según las enfermedades y los fluidos corporales. A continuación, se introdujeron leyes morales relativas a las relaciones, el sexo y la justicia. Los sacerdotes tenían que mantener una norma aún más estricta porque eran los representantes de la comunidad y se presentaban ante el Señor. Estas leyes establecían un estándar de lo que se necesitaba para permanecer cerca de Dios.

La mayoría de los mandatos eran comunitarios y se centraban en una relación con el Señor. Por otro lado, los conceptos de limpio e impuro no eran necesariamente lo mismo que lo correcto y lo incorrecto. Se trataba más bien de Dios y de mantener un alto nivel de santidad para estar más cerca de él. Esto enfatizaba en que un Dios perfecto considera adecuado amar a la gente y buscar formas de acercarse y conectar. Dios empezó a adoptar un carácter de humildad, que más tarde se pondría de relieve en la narración del sacrificio de Cristo, pero aquí fue donde empezó.

Números

El libro de los *Números* se centra en la estancia de los israelitas en el desierto. El viaje, que debería haber durado un par de semanas, se alargó hasta cuarenta años. En el camino hacia la Tierra Prometida, los israelitas pasaron tiempo en tres zonas principales del desierto, a saber, el monte Sinaí, Parán y Moab, en el borde de la Tierra Prometida. La vida en la presencia de Dios inició en el anterior libro, el *Levítico*, y continúa en *Números*. El campamento israelita y su itinerancia seguían el orden de Dios y la estructura de la pureza. Cuando acampaban, el tabernáculo estaba en el centro, rodeado por las tribus sacerdotales de los levitas y las demás tribus a su alrededor. El Arca de la Alianza, que contenía la presencia de Dios, era llevada al frente durante el viaje, seguida por los levitas, Judá y el resto de las tribus. El significado simbólico de que Dios estuviera en el centro mientras acampaban y al frente mientras viajaban demostraba que Él siempre era el guía.

Durante estos viajes, Dios siempre proveía a los israelitas de agua, maná y aves para que se alimentaran. A pesar de las bendiciones, los israelitas se quejaban, afirmando que tenían un mejor nivel de vida bajo la opresión de Egipto. Cuando la nube de la presencia de Dios se movía, los israelitas la seguían. A lo largo de su travesía por el desierto, los israelitas rompieron constantemente su acuerdo con Dios, lo que resultó en múltiples maldiciones, incluyendo ser atacados por serpientes. La forma en que los israelitas se curaban de las mordeduras de serpiente es interesante: colocaban una serpiente de bronce en una estaca y cuando alguien era atacado, le decían que la mirara para curarse. Esto simbolizaba la necesidad de acudir a Dios y, en la narrativa cristiana, se considera una representación temprana de cómo Cristo sería clavado en una cruz por los pecados de la humanidad.

Una de las maldiciones más representativas fue que «tendría que pasar una generación antes de que llegaran a la Tierra Prometida», razón por la cual la travesía del desierto se prolongó durante tanto tiempo. Así se introdujo el tema del equilibrio entre el libre albedrío y la voluntad de Dios. Según el relato, Dios quería que su pueblo lo siguiera y habitara en su presencia para poder recompensarlo. Sin embargo, Dios no forzó este resultado. Por lo tanto, a cada paso, existía la opción de que los humanos rechazaran la comunión de Dios esto provocaba consecuencias.

El tema de Dios transmutando el mal en bien se repitió en la región de Moab. Cuando los israelitas pasaron por Moab hacia la Tierra Prometida, el rey estaba preocupado porque esta gran nación estaba viajando a través de su territorio. La preocupación del rey Balac lo llevó a emplear a un poderoso hechicero, Balaam. Balaam reconoció el poder inconfundible del Dios de Israel, así que le rezó para que maldijera a los israelitas. Sin embargo, Balaam descubrió que solo podía pronunciar bendiciones cada vez que intentaba maldecirlos. La bendición final que pronunció Balaam fue que la promesa de Dios a Abraham de bendecir a sus descendientes y establecer una nación llegaría a través del liderazgo de un poderoso rey israelita. Esto enlaza la narración con el *Génesis*, mostrando que se trata de una historia global en lugar de libros o capítulos aislados. El tema de la transmutación «del mal al bien» se ve en que los israelitas se rebelaban en el valle y Dios seguía bendiciéndolos desde la cima de la montaña.

Deuteronomio

El libro del *Deuteronomio* recoge el último discurso de Moisés al pueblo de Israel antes de morir y ceder el liderazgo a Josué. Moisés nunca entró en la Tierra Prometida, pero llevó a Israel al borde de ella. En este épico discurso, Moisés esboza todo lo que Israel debía tener en cuenta al entrar en la Tierra Prometida.

El Libro del *Deuteronomio* cubre el último discurso de Moisés al pueblo de Israel antes de morir y entregar el liderazgo a Josué[7]

Moisés abrió el discurso destacando su constante rebelión. Luego pasó a animar a la nueva generación a no ser como sus antepasados, sino a obedecer a Dios con diligencia. Moisés les recordó las leyes de la alianza que hicieron con Dios, adaptándolas para hacerlas relevantes para una nueva generación.

Una de las revelaciones clave del *Deuteronomio* es el *Shemá*, una declaración que el pueblo judío sigue haciendo hoy en día en la oración dos veces al día. El *Shemá* está en *Deuteronomio* 6:4-5 y dice: «Escucha, Israel: El Señor nuestro Dios, el Señor es uno. Ama al Señor tu Dios con todo tu corazón, con toda tu alma y con todas tus fuerzas». Este es el quid del mensaje que Moisés dejó al pueblo antes de su partida. Moisés tuvo que hacer hincapié en que el Dios de Israel es uno porque, al entrar en la Tierra Prometida, habitarían entre una multitud de naciones que adoraban a dioses diversos. Hizo otra declaración, de la que más tarde se hace eco el *Nuevo Testamento*, en la que señaló que Israel tenía la opción de obedecer y amar a Dios o rebelarse. Moisés advirtió que Israel podía elegir la muerte o la vida y animó a la nación a elegir la vida. Esta elección de la vida es una llamada a la sangre del cordero que los liberó de Egipto.

Moisés predijo que los israelitas se rebelarían y serían desterrados de la Tierra Prometida. Concluyó que esto se debía a que sus corazones estaban endurecidos por el egoísmo y el deseo de seguir su propia voluntad en lugar de la del Señor. Para subrayar que la lucha por la carne es propia del ser humano y está profundamente arraigada en la genética de la humanidad, Moisés relacionó este endurecimiento del corazón con el relato del *Génesis*, cuando Adán y Eva cayeron en el Jardín del Edén. Sin embargo, terminó con un mensaje de esperanza de que el Señor encontraría la manera de ablandar sus corazones, lo que de nuevo elevó el tema de la transmutación de lo negativo en positivo. Este episodio sentó las bases de la historia de Cristo como salvador porque, desde el punto de vista cristiano, su sacrificio abrió el camino para que la humanidad recibiera corazones nuevos.

Actividad de escritura

Haga una representación visual de los principales relatos de la *Torá*. Explique las lecciones que se desprenden de cada relato y subraye cómo se enlazan para formar una narración global.

_____

_____

_____

_____

_____

_____

_____

_____

_____

_____

Temas y lecciones morales de la *Torá*

Desde el punto de vista temático, la *Torá* revela algunos principios fundamentales. Los corazones de la humanidad están inclinados a la maldad. Las personas deben esforzarse por resolver el problema de tener corazones malvados siguiendo los mandamientos de Dios, incluidos los rituales, las leyes y las fiestas conmemorativas. Dios es perfecto. Por lo tanto, solo los más puros pueden estar cerca de su presencia sin filtros. Aunque hay leyes para obtener la pureza que permite tener comunión con Dios, Él entiende que los humanos se quedan cortos, por lo que continuamente muestra misericordia.

De este modo, la *Torá* establece el tema de la lucha constante de la humanidad contra sus deseos para cumplir el estándar de Dios. La *Biblia* es radicalmente diferente de las enseñanzas que promueven la búsqueda de sí mismo. La *Torá* plantea que la humanidad debe negarse a sí misma para alinearse con los deseos de Dios. Dios es visto como la personificación del bien más elevado y de los principios más justos que la humanidad puede perseguir, por lo que el mensaje central de la *Torá* es disminuir la lujuria personal por un propósito más elevado, la misión espiritual de seguir a Dios.

Se enfatiza lo comunitario por encima de lo personal. Por lo tanto, las personas más puras, los sacerdotes, se presentan ante Dios para representar a la humanidad. En el Día de la Expiación, como se indica en el *Levítico*, se realiza el sacrificio de una cabra como ofrenda a Dios y otra es liberada en el desierto, cargando con los pecados de la comunidad. Este énfasis en el perdón equilibra la justicia y la pureza de las leyes estrictas. A través de esta ventana de expiación, la misericordia de Dios se recuerda para enfatizar cómo la gente debe comprometerse con los demás y mostrar un espíritu de comprensión y perdón. Así pues, además de buscar la pureza en la letra de la ley, el amor y la misericordia se encuentran en el corazón de la *Torá*.

Actividad posterior a la lectura

¿Qué lecciones aprendió de cada uno de los libros de la *Torá*? ¿Cómo puede aplicar algunos de esos principios en su vida actual?

_____

_____

_____

_____

_____

_____

_____

_____

_____

_____

_____

Reflexiones sobre las leyes de la *Torá* y su significado moderno

Algunas leyes de la *Torá* se conocen como leyes naturales. Estas son las que surgen de culturas de todo el mundo porque son necesarias para que la civilización o la sociedad se mantengan. Las leyes naturales incluyen principios como no mentir, no robar o no asesinar. Además de estas leyes naturales o morales, la *Torá* tiene leyes de pureza, que son ligeramente diferentes. Cuando Dios descendió para habitar cerca de su pueblo, este necesitaba purificarse, y ciertas prácticas o condiciones podían considerarse limpias o impuras.

El mensaje central de la *Torá*, que sigue siendo influyente en el mundo moderno, es que el corazón de la humanidad la lleva por mal camino. Reflexione sobre cada decisión egoísta que alguien tomó y que tuvo consecuencias negativas. Por mucho que la gente predique la bondad, el amor, la unidad, el perdón y la paciencia, estos valores rara vez se expresan. Una lucha interna constante alinea estos valores superiores contra la gratificación instantánea o el camino más fácil de los deseos egoístas. Los festivales y rituales establecidos en la *Torá* traen la imagen de Dios, que recuerda a las personas el camino que deben seguir.

Luchas y triunfos de los personajes bíblicos y cómo se relacionan con usted

A lo largo de la *Torá*, se ve a la humanidad luchando contra sus deseos para seguir los caminos de Dios. Cuando los personajes se someten a Dios, son bendecidos incluso en las peores situaciones. Cuando los personajes se rebelan y se apartan de las instrucciones de Dios, son maldecidos, lo que trae más dificultades a sus vidas, pero Dios siempre abre un camino para que vuelvan a Él. Obedecer o no a los mensajes de Dios siempre trae bendiciones o maldiciones, ya que el Señor permite a los humanos tomar decisiones libres. Debido a la naturaleza perfectamente justa de Dios, las personas deben vivir con las consecuencias de sus decisiones.

Cuando los personajes se someten a Dios, son bendecidos incluso en las peores situaciones[8]

¿Con cuál de los personajes de la *Torá* se identifica más y por qué?

_____

_____

_____

_____

_____

_____

_____

_____

_____

_____

¿Trace un mapa de las luchas y triunfos de ese personaje y relaciónelo con su vida? ¿Qué valor puede extraer de su comprensión?

_____

_____

_____

_____

_____

_____

_____

_____

_____

El paso de lo erudito a lo transformador

Es admirable estudiar la *Torá* desde un punto de vista erudito, pero, en esencia, estos libros están pensados para ser aplicados, no solo estudiados. Tanto si es creyente como si no, puede obtener mucha sabiduría al abrazar las verdades eternas esbozadas en estos textos.

Memorizar los versículos de la *Torá* y comprender el trasfondo histórico es esclarecedor y es una forma excelente de ampliar sus conocimientos. Sin embargo, solo cuando se aplican los aspectos espirituales y filosóficos del libro, las *Escrituras* resultan verdaderamente transformadoras. Los dos mensajes centrales de la *Torá* son que Dios puede transformar la maldad en bondad, y que serán bendecidas solo las personas que logren suprimir sus deseos egoístas y seguir a Dios por un propósito superior.

¿Cómo cree que puede aplicar los temas centrales de la *Torá* para transformar su vida?

Capítulo 3: Libros del *Antiguo Testamento*

Ahora que ya estudió los cinco primeros libros de la *Biblia*, está preparado para adentrarse en el *Antiguo Testamento* en su conjunto. Este capítulo proporciona una visión general de la *Biblia* hebrea y sienta las bases para una investigación más profunda en los capítulos siguientes. Tras estudiar estas explicaciones teóricas y completar las actividades, sabrá analizar los estilos literarios del *Antiguo Testamento* e identificar los temas principales del texto.

El *Antiguo Testamento* fue escrito originalmente en hebreo'

Contexto histórico y cultural del *Antiguo Testamento*

La *Biblia* hebrea, el *Tanaj*, está dividida en tres secciones: la *Torá*, los *Nevi'im* y los *Ketuvim*. La *Torá* o *Pentateuco*, que se analizó en el capítulo anterior, corresponde a los cinco primeros libros del *Antiguo Testamento*, que contienen la ley. Los *Nevi'im* son los libros de los profetas y los *Ketuvim* pueden traducirse como los escritos. Esta división en tres partes de las *Escrituras* es antigua y procede de la época en que los textos aún se registraban en rollos. Es probable que los antiguos israelitas entendieran el texto de esta manera, porque organizado así tiene un flujo lógico. Además, los judíos modernos que leen las *Escrituras* en el hebreo original siguen utilizando este método para dividir el *Antiguo Testamento*.

Una división más contemporánea del *Antiguo Testamento* agrupa las *Escrituras* en las categorías de libros históricos, libros poéticos o sapienciales y libros proféticos. Los libros históricos comprenden la *Torá, Josué, Jueces, Rut, 1 y 2 Samuel, 1 y 2 Reyes y 1 y 2 Crónicas*. Los libros poéticos son *Proverbios, Salmos, Job, Cantar de los Cantares* y *Eclesiastés*. El resto del *Antiguo Testamento* se compone de escritos proféticos, como *Ezequiel, Jeremías, Amós* y *Oseas*.

Los temas de la *Torá* continúan a lo largo de todo el *Antiguo Testamento*. La narración global que se desvela a medida que avanza la historia es la relación de amor, misericordia y juicio de Dios hacia un pueblo que se rebela constantemente contra él. La escritura profética del libro de *Oseas* abarca bien esta relación y la compara con un matrimonio adúltero. Oseas estaba casado con Gomer, una mujer que mantenía continuamente relaciones extramatrimoniales. Según las leyes de la *Torá*, Oseas tenía todo el derecho a divorciarse de ella. En lugar de decirle que abandonara a Gomer por sus defectos, Dios le dice a Oseas que la acepte de nuevo y le muestre compasión, una metáfora de la relación de Dios con Israel. Aunque Dios se justifica cuando abandona a su pueblo por adorar ídolos, vuelve a él en su amor y misericordia.

Sería demasiado extenso escribir los detalles de cada persona en la vida de Israel, así que la atención se centra en tres grupos principales: jueces, reyes y profetas. Cuando Josué condujo a Israel a la Tierra Prometida, el pueblo todavía seguía las leyes de Dios. Una vez que Josué murió, Israel fue dirigido por una sucesión de jueces y la nación se deterioró una vez más después del período mosaico en el desierto. Los jueces de Israel no eran como los de un sistema judicial. Están más relacionados con los jefes tribales. Los profetas actuaban como portavoces de Dios y, en distintos periodos, revelaban bendiciones o maldiciones para Israel. Sin embargo, a menudo concluían con un mensaje de esperanza para el futuro, ya que Dios dejaba abierto un camino para la restauración y la redención.

Cuando los israelitas habitaban entre los cananeos, adoraban a varios dioses extranjeros. Cayeron tanto en estas rebeldes tentaciones que llegaron a ser precisamente como los cananeos, por lo que Dios decidió expulsarlos de la Tierra Prometida. Eran inmorales e incluso practicaban el sacrificio de niños, así que Dios utilizó a las naciones circundantes para juzgar a Israel, lo que finalmente condujo al exilio de la Tierra Prometida. A través de muchos acontecimientos complicados, los israelitas fueron exiliados a Babilonia. El *Antiguo Testamento* concluye con una historia de esperanza en la llegada del Mesías y la reconstrucción del templo.

Actividad 1

Destaque cinco historias del *Antiguo Testamento* en las que la presencia de Dios abandonó a los israelitas.

_____

_____

_____

_____

_____

_____

_____

_____

_____

_____

Explique por qué la presencia de Dios se fue y qué tuvo que suceder para volver a alinearse con la voluntad de Dios.

_____

_____

_____

_____

_____

_____

_____

_____

Resalte cinco historias del *Antiguo Testamento* en las que Dios bendijo a los israelitas.

_____

_____

_____

_____

_____

_____

_____

_____

_____

Explique cómo estas bendiciones se relacionan con el tema de la misericordia y la redención de Dios y con el hecho de que transforme la maldad en justicia.

_____

_____

_____

_____

_____

_____

_____

_____

_____

_____

Los libros de historia

Estos 17 libros narran la historia de la humanidad y de Israel desde la creación hasta la caída de los reinos del Norte y del Sur. La narración comienza mostrando cómo Israel es redimido y salvado de la esclavitud bajo el brutal dominio del faraón. Se traza su viaje a través del desierto hasta la Tierra Prometida. Los libros detallan el periodo de los jueces, en el que Israel se deterioró rápidamente y se asemejó a las naciones paganas a las que había sustituido. Luego, Israel pasó de la época de los jueces a la de los reyes. Los conflictos internos provocaron la división del reino en el norte de Israel y Judá en el sur. Los libros de historia de Israel concluyen con la caída de ambos reinos y la entrada de Israel en un nuevo cautiverio.

Exploración temática del *Antiguo Testamento* a través del rey David

La vida del rey David resume a la perfección cómo Dios bendice a quien sigue sus leyes y maldice a quien se aparta de ellas. Capta perfectamente cómo siempre hay lugar para la redención y el arrepentimiento, independientemente de lo lejos que se haya caído, y cómo el mal puede utilizarse para facilitar, en última instancia, resultados justos.

David es uno de los reyes más famosos de la *Biblia* y solo compite con su hijo Salomón. El primer acto de heroísmo del rey David fue derrotar a Goliat, un guerrero filisteo al que todos temían. El pastor estaba acostumbrado a matar osos y lobos en el campo, así que utilizó sus habilidades con la honda para derrotar al gigante.

El rey Saúl fue el primer gobernante de Israel, pero su maldad lo venció. A medida que David crecía en popularidad, el rey Saúl se ponía celoso y temeroso, pensando que David quería derrocar su trono. Saúl intentó matar a David, pero fracasó. A través de esta rivalidad se revela el carácter de David, que perdona la vida a Saúl continuamente, incluso cuando tiene oportunidades fáciles de matarlo.

Finalmente, David asciende al trono. Fue un rey justo, pero también pecó. Deseó a Betsabé, que era una mujer casada, y mantuvo con ella una relación adúltera. Envió al marido de Betsabé, Urías, al frente de una batalla para que muriera y así poder casarse con ella. El rey David tuvo éxito en su plan y Dios se decepcionó de él. Natán llamó la atención a David por su maldad y, como castigo, el hijo que concibió con Betsabé murió.

Una estatua del rey David, tocando el arpa[10]

Bajo David, el reino de Israel se fortaleció y solidificó. Quiso construir un templo para el Señor, pero no lo consiguió. Sin embargo, el rey Salomón, su hijo, construyó el templo que David había soñado. Del linaje de David nació Jesucristo, el redentor de Israel. Sin embargo, muchos reyes que gobernaron después de David (incluido Salomón) cayeron en la maldad y la idolatría.

Actividad 2

Construya un guion gráfico de la vida del rey David, señalando los puntos altos y bajos y sus consecuencias. Mientras crea esta representación visual, reflexione sobre los temas de la justicia, la misericordia y la dualidad de Dios, que existen en la esencia de la humanidad. Incluya paralelismos con su vida como forma de meditar profundamente sobre la sabiduría de este relato histórico.

_____

_____

_____

_____

_____

_____

_____

_____

_____

_____

Los libros sapienciales

Los tres principales libros sapienciales son *Job*, *Eclesiastés* y *Proverbios*. Algunas personas incluyen los *Salmos* en las tradiciones sapienciales, pero el libro completo no cumple los parámetros para encajar en esta categoría. La tradición sapiencial comienza con el libro de *Proverbios*. Típicamente, los proverbios son dichos breves que comunican lecciones dentro de culturas o grupos específicos. El libro *Proverbios* contiene lecciones, pero también una estructura narrativa. La primera parte de *Proverbios* se presenta como un padre que habla a un hijo y lo guía. En la segunda parte del texto, la sabiduría se personifica como una mujer y puede relacionarse con una figura materna.

Proverbios enseña a ser sabio, lo que en el contexto israelita no se refiere solo a adquirir conocimientos, sino a aplicarlos en la práctica. Así pues, *Proverbios* enseña a vivir bien, empezando por el temor a Dios y el cumplimiento de sus mandamientos. A diferencia de la ley mosaica o los pactos, *Proverbios* no hace promesas, sino que funciona con probabilidades, en el sentido de que tomar decisiones sabias favorece las probabilidades de obtener resultados positivos.

El *Eclesiastés* echa por tierra la mecánica de *Proverbios*. Aunque el autor reconoce que es bueno vivir con sabiduría y temor de Dios, subraya que no hay garantía de que se vaya a vivir bien. Expresa este punto diciendo que la gente mala a menudo vive una vida grande y próspera, mientras la gente buena a menudo sufre. La palabra hebrea que encierra el tema del *Eclesiastés* es «*hevel*». *Hevel* se suele traducir como «sin sentido», pero una traducción más directa es vapor o humo. Si se consideran las cualidades del humo, se entiende la relación con la vida.

Todo es temporal o inasible. El autor del *Eclesiastés* lo subraya a través de los conceptos de tiempo y muerte. En una línea temporal suficientemente larga, todos los logros carecen de sentido. La mayoría de las personas fueron olvidadas hace mucho tiempo. A escala cósmica, toda la existencia de la humanidad es menos que un parpadeo. Por lo tanto, todo lo que se valora desaparece como humo en el viento. La muerte se utiliza para ilustrar el mismo punto. Todo el mundo encuentra el mismo final, ya sean sabios, necios, ricos o pobres. La muerte es el igualador que nadie puede evitar. De ahí que esta corta vida en el planeta sea como el humo; la gente intenta agarrarlo, pero se le escapa de las manos. Esto parece sombrío, pero el autor concluye que el sentido de la vida está en aceptar la naturaleza cambiante, paradójica y fugaz de la vida.

El Libro de *Job* explora una de las preguntas más difíciles que puede plantearse. ¿Por qué le ocurren cosas malas a la gente buena? La historia de Job comienza con un tribunal en el cielo, donde Dios señala a Job como ejemplo de rectitud. Satanás argumenta que Job solo es justo porque Dios lo recompensa y apuesta a que si Dios quita su cerco de protección a Job, este lo va a maldecir. A medida que Job sufre, se explora el tema de la justicia a través de sus conversaciones con sus amigos y con Dios. Job confiesa su inocencia y clama a Dios para que le explique por qué le ha llegado de repente todo este sufrimiento. Los amigos dicen a Job que él debe haberse buscado este sufrimiento porque Dios es verdaderamente justo. Sin embargo, el tribunal del cielo revela que Job era irreprochable, por lo que esta no es la respuesta.

El libro no revela por qué le ocurren cosas malas a la gente buena, sino que pone en perspectiva el lugar de la humanidad en el cosmos. Dios revela a Job que el universo está unido por estructuras complejas que su mente finita no comprende. Por lo tanto, Job no puede cuestionar la justicia de Dios. La respuesta que Dios da sobre por qué suceden cosas buenas a personas malas es que es demasiado complicado para que un ser humano lo comprenda. Job se humilla y se arrepiente, y Dios le devuelve todo lo que había perdido. Esto enlaza con el *Eclesiastés* en la medida en que las personas deben aceptar lo que no pueden controlar ni explicar. Cuando los libros sapienciales se ven a través de la lente del ciclo de la justicia, maldiciones y redención, (extenso tema del *Antiguo Testamento*) revelan que no es tan simple y que seguir a Dios es vital.

Actividad 3

Considere el mensaje central de *Proverbios* de vivir bien según los principios bíblicos. Considere el mensaje de Job de humillarse ante Dios. Ahora, reflexione sobre la sabiduría del *Eclesiastés* para soltar el control y aceptar lo que Dios le da a cada uno.

¿Cómo puede aplicar estos temas a su vida actual?

_____

_____

_____

_____

_____

_____

_____

_____

_____

_____

Escritos proféticos

Todos los profetas transmiten a Israel un mensaje central, aunque las particularidades de sus vidas enseñan lecciones únicas al pueblo. Cada profeta transmitió que hay que adorar a Dios (*y sólo a Dios*) para ser bendecido.

O puede rebelarse y enfrentarse al juicio de Dios.

La historia de Israel refleja este mensaje con sus muchas victorias y caídas. Los profetas siempre siguieron la misma estructura en sus escritos. Primero, denunciaban los pecados del pueblo. Luego, pedían al pueblo que volviera a las leyes de Dios. Por último, advertían al pueblo del juicio que sufriría en caso de rebelión.

Uno de los profetas más polémicos fue Jonás. El libro de *Jonás* termina con una pregunta de Dios que Jonás no responde. El carácter de Jonás ya estaba en tela de juicio porque había profetizado que un rey malvado, Jeroboam II, triunfaría y ganaría territorio. Al mismo tiempo, Amós, otro profeta de Dios, había dado el mensaje contrario, diciendo que el rey lo perdería todo debido a su maldad.

El libro de *Jonás* establece la salvación a las naciones gentiles y encierra el tema del *Antiguo Testamento* de la transformación del mal en bien. Jonás era israelita y del pueblo de Dios. Sin embargo, desobedeció a Dios, mientras que los paganos que encontró obedecieron a Dios. Dios envió a Jonás a los ninivitas para decirles que su ciudad sería destruida. Sin embargo, Jonás huyó en dirección contraria y acabó en un barco pagano. Cuando se acercó una tormenta, Jonás fue arrojado por la borda y los paganos se arrepintieron y adoraron a Dios, destacando la transformación de la maldad de Jonás en la bondad de ganar almas para adorar al Dios verdadero. Luego, Jonás fue tragado por una ballena, y Dios le permitió seguir adelante con su misión. Jonás entregó de mala gana la profecía a los ninivitas. Jonás no huía por miedo, sino porque odiaba a los ninivitas y quería destruirlos.

Jonás fue tragado por una ballena y Dios le permitió seguir con la misión

Después de que los ninivitas se arrepintieran y Dios los perdonara, Jonás se sintió miserable. Dios envió a Jonás una vid para darle sombra, lo que lo animó. Dios revirtió la bendición enviando un gusano que mató la vid, provocando que Jonás deseara la muerte. Dios llamó la atención de Jonás sobre cómo se lamentaba por la vid que le daba sombra. Dios le preguntó a Jonás si estaba dispuesto a llorar una vid *¿y cuánto más valían los ninivitas?* Luego, Dios le preguntó a Jonás si no valía la pena darles una oportunidad. Jonás no respondió, lo que lleva al lector a reflexionar sobre lo que significa para Dios perdonar a sus enemigos. El perdón de los enemigos y la figura de Jonás, que odiaba a los ninivitas, expresa de nuevo el tema de Dios transformando la maldad en justicia.

Actividad 4

1. Elija un profeta del *Antiguo Testamento*.

2. Resuma su historia.

3. Enumere las profecías, advertencias y juicios que pronunció.

4. Escriba sobre las lecciones que se pueden aprender de ese relato.

5. ¿Cómo se relaciona el profeta que eligió con los temas del *Antiguo Testamento* sobre el juicio, la redención, la obediencia a Dios y la transformación del mal en bien?

El sistema de pactos

Un pacto se entiende generalmente como una promesa, pero una forma más precisa de verlo es como un contrato. Dios establece acuerdos con su pueblo para bendecirlo si se ajusta a una determinada norma y le advierte de las consecuencias si se aparta de ella. En el *Antiguo Testamento* hay cuatro pactos, antes del quinto y último pacto del *Nuevo Testamento* con el sacrificio de Cristo. El sistema de pactos incluye el pacto noético, abrahámico, mosaico y davídico.

El pacto con Noé es el primero en la línea. Tras inundar el mundo y librar al planeta de una generación malvada, Dios prometió a Noé que la humanidad continuaría y que nunca volvería a destruir la Tierra con agua. En este relato del *Génesis*, tras la ira y la justicia de Dios, surge la misericordia.

El siguiente pacto llega a través de Abraham y es uno de los más significativos porque da lugar al nacimiento de tres grandes religiones mundiales: el judaísmo, el cristianismo y el islam. Dios instituye la práctica de la circuncisión y promete a Abraham una nación y que el mundo sería bendecido a través de su descendencia por su fidelidad. Dios también promete que su pueblo recibirá una tierra en la que su nación pueda prosperar.

El pacto mosaico es la institución de la Ley de Moisés. Cuando Dios liberó a los israelitas del cautiverio egipcio, les dio una ley para regir sus vidas moral y ceremonialmente. El acuerdo era que si eran obedientes, serían bendecidos, y si desobedecían, serían maldecidos. La historia del pueblo israelita se enmarca en este prisma de bendiciones y maldiciones, que es un tema central del *Antiguo Testamento*.

El último pacto antes de la venida del Mesías, que salvó a la humanidad por la gracia y la fe, es la promesa davídica, continuación de la Ley de Moisés. Dios prometió mantener a los israelitas en la tierra si le obedecían, pero les advirtió que irían al exilio si se apartaban de sus caminos y adoraban a dioses extranjeros. Dios también prometió que vendría un Mesías descendiente de David, que sería la redención de un Israel caído.

Actividad 5

Escriba los detalles de cada pacto y describa cómo se relaciona con la posterior venida del Mesías en el *Nuevo Testamento*.

Capítulo 4: Literatura sapiencial: *Proverbios, Salmos* y *Parábolas*

La *Biblia* es una colección polifacética de libros que contienen profecías, leyes, historia, misterios y sabiduría práctica. La literatura sapiencial trata menos de grandes revelaciones que de la vida cotidiana de los seres humanos. Por mucho que se entiendan los detalles de la ley y se maraville ante los milagros del texto, a veces no tienen un fundamento práctico. Por eso, las tradiciones sapienciales de las *Escrituras* ofrecen una perspectiva humana del trabajo, la familia y las relaciones como forma de navegar por las complejidades de las pruebas y los triunfos de la vida.

Los libros de los *Salmos*, los *Proverbios* y el *Eclesiastés* (las parábolas de la *Biblia*), ofrecen enseñanzas únicas en la tradición sapiencial. Estos textos tienen puntos en común, pero perspectivas diferentes, lo que permite que atraigan a personas en distintas etapas de su vida y con distintas mentalidades. Estas enseñanzas son fáciles de entender porque están escritas para que la gente las sienta cercanas. Aunque los textos se compusieron dentro de un contexto histórico y cultural específico, los mensajes que enseñan son relevantes hoy en día porque algunos aspectos de la condición humana no cambian.

Explorar los textos sapienciales permite comprender en profundidad cada libro y su origen. Aprenderá cómo se aplicaban en la época, pero, lo que es más importante, reflexionará sobre ellos para darles vida y comprenderlos más profundamente interpretándolos como guías prácticas y aplicables. De este modo, puede establecer un vínculo con el pasado analizando introspectivamente el texto a través de la lente de su experiencia en el presente. Al relacionar las *Escrituras* con su vida, los libros sapienciales se despliegan en toda su plenitud y le permiten encarnar la mentalidad de los autores y del público al que se dirigían.

Salmos

El Libro de los *Salmos* es una recopilación de oraciones, poemas y canciones. Algunas obras son anónimas, pero distintas partes de los textos se atribuyen a varios autores. Setenta y tres *Salmos* se atribuyen al rey David, hábil poeta y músico. Una de las razones por las que David se acercó tanto a Saúl fue su habilidad para tocar el arpa. Otros salmos se atribuyen a Asaf, a los hijos de Coré y a los jefes de culto del templo, Hemán y Etán. Muchos textos de los *Salmos* se entonaban como cánticos de adoración, pero no exclusivamente como himnos. La principal motivación para recopilar los *Salmos* fue conservar las tradiciones espirituales de Israel durante el exilio babilónico. Por lo tanto, el libro de los *Salmos* hace hincapié en cómo los israelitas deben vivir en la fe para poder regresar a la Tierra Prometida.

El libro de los *Salmos* es una compilación de oraciones, poemas y canciones[11]

Los *Salmos* se dividen lógicamente en seis secciones, siendo los dos primeros *Salmos* una introducción, que anima a meditar sobre las enseñanzas de la *Torá* y reitera la alianza mesiánica establecida con el rey David. Los *Salmos* 3 al 41 tratan de la fidelidad al pacto. Las bendiciones, las maldiciones y la misericordia surgen como un hilo conductor constante en el *Antiguo Testamento*. En esta sección se encuentra uno de los textos más populares de la *Biblia*, el *Salmo 23:1*, «El Señor es mi pastor, nada me falta». Este salmo enfatiza la confianza en Dios y el compromiso total con Él que expresó Moisés en *Deuteronomio 6:4-5* «Escucha, Israel: El Señor nuestro Dios, el Señor es uno. Ama al Señor tu Dios con todo tu corazón, con toda tu alma y con todas tus fuerzas».

La siguiente agrupación son los *Salmos* del 42 al 72, que expresan la esperanza de un Mesías venidero tras el exilio de los israelitas. Describen cómo los autores y compiladores de los *Salmos* reconocían que su cautiverio era consecuencia de la maldad que habían abrazado en la Tierra Prometida, pero que se aferraban a un futuro más brillante en el nuevo reino mesiánico. Esta sección concluye con *Salmos 72: 1-2*, «Dota al rey de tu justicia, oh Dios, al hijo real de tu rectitud. Que juzgue a tu pueblo con rectitud, a tus afligidos con justicia». Este versículo describe la institución de un reino mesiánico. Nótese la repetición de la palabra «*justicia*», un recurso literario utilizado por la poesía de los *Salmos*. Cuando los autores de los *Salmos* querían enfatizar en una idea, a menudo utilizaban palabras repetidas.

La siguiente sección de los *Salmos* abarca del 73 al 89, en los que se esboza la esperanza de la venida del Mesías en medio del exilio de los israelitas. El *Salmo 73:1* dice: «Ciertamente Dios es bueno con Israel, con los limpios de corazón». Esto puede parecer extraño teniendo en cuenta que Israel estaba bajo el brutal dominio de Babilonia, pero era un grito de esperanza de que la liberación estaba cerca tras la venida de un Mesías. Muchos de los *Salmos* recopilados fueron escritos por David como recordatorio de la promesa que Dios le hizo de entregar un rey justo de su linaje. Los israelitas, sometidos a la opresión, necesitaban mantener viva esta esperanza de salvación a través del linaje de David. La recopilación de *Salmos* se creó para que las promesas resonaran en la memoria colectiva de los israelitas. Los *Salmos* 90 a 106 enfatizan a Dios como rey de la creación, infundiendo la esperanza de que los israelitas están en sus manos y que Él tiene el poder de sacarlos de su opresión. Los *Salmos* 107-150 concluyen el libro con cantos de alabanza.

La poesía de los *Salmos* tiene un estilo de reflexión único. En primer lugar, retoma algunos temas de los libros anteriores, pero también se refleja a sí misma de forma interesante. Este reflejo se realiza mediante la repetición de palabras, como en el *Salmo 29:5*: «La voz del Señor quiebra los cedros; el Señor rompe en pedazos los cedros del Líbano». La rotura de los cedros se repite para hacer énfasis en ello. Una técnica similar se emplea cuando se repiten ideas, en lugar de palabras, como en *Salmo 40:8*, «Deseo hacer tu voluntad, Dios mío; tu ley está en mi corazón». La idea de seguir la voluntad de Dios se repite resaltando el deseo de hacer lo que el Señor quiere. El autor dice que la ley está en su corazón y que quiere hacer la voluntad de Dios, que es la misma idea expresada con palabras diferentes. Este reflejo o repetición crea un flujo poético único, que permite que las ideas esenciales salten a la vista del lector mediante paralelismos.

Las ideas de la redención, la esperanza, la fe, la destrucción de los enemigos y la renovación de la gloria de Israel mediante la sumisión a Dios son las ideas clave de los *Salmos*, expresadas a través de una bella escritura poética. Teniendo en cuenta que el contexto histórico de la compilación de este libro es el de los israelitas en el exilio babilónico, tiene sentido que eligieran canciones y poesía para comunicar estas ideas. Los autores querían que los lectores memorizaran los textos y encarnaran estos principios. De ahí que la poesía fuera una vía mejor que la escritura histórica o la narrativa.

Al abordar poéticamente estas ideas, los autores ofrecen una forma entretenida y atractiva de captar enseñanzas profundas. *Salmos* es un libro brillante para que un principiante se acerque a las *Escrituras*. Su carácter práctico y su lenguaje poético para enfatizar las ideas clave facilitan su comprensión, en comparación con doctrinas proféticas más complejas que requieren un conocimiento básico de la ley y del sistema de pactos. Como parte de la tradición sapiencial, los *Salmos* se sumergen más en los sucesos cotidianos y en la sabiduría clásica que puede ser comprendida por personas ajenas a la cultura, incluidos creyentes y no creyentes.

Actividad 1

Escriba un poema en el que explore algunas ideas de los *Salmos* que sean relevantes para su vida. Inspírese en otros escritos del *Antiguo Testamento* y utilice las técnicas poéticas empleadas en el libro para enfatizar su mensaje principal.

Proverbios

Este intrigante libro es una de las escrituras más definitivas para entender la sabiduría bíblica. La mayoría de los escritos de *Proverbios* se atribuyen a Salomón. Sin embargo, se cree que otros son una colección de conocimientos culturales anteriores al rey. Además del rey Salomón, los escritos de *Proverbios* se atribuyen a Agur, hijo de Jakeh, y al rey Lemuel. El libro está entrelazado con el concepto de sabiduría y el carácter de Salomón es significativo, porque en *Crónicas 2 1:10*, Salomón pide al Señor sabiduría para dirigir bien a su pueblo. Por tanto, el rey estaba intrínsecamente ligado a este tema.

Es probable que el libro de los *Proverbios* se completara bajo los Reinos Unidos de Israel durante el siglo X a. C. Sin embargo, también es posible que la compilación se produjera más tarde, después de la división, y que el libro se completara en el Reino Meridional de Judá. Teniendo en cuenta la cadena de sabiduría cultural relacionada con Salomón, en el texto también aparecen algunos aspectos de la antigua Mesopotamia y Egipto. La personificación de ideas abstractas, como la sabiduría y la insensatez indicativas de la escritura de los *Proverbios*, era un tema común en estas antiguas regiones, cuyas culturas pueden haber influenciado el estilo de escritura. Si se tiene en cuenta el desarrollo histórico de la idea religiosa de Oriente Próximo, esta amalgama y contaminación cruzada no resulta sorprendente. Las tradiciones espirituales de Israel no nacieron de la nada, sino que procedían de concepciones comunes e influencias regionales entrelazadas.

El libro de los *Proverbios* se dirige específicamente a los jóvenes, pero la sabiduría intemporal puede aplicarse a personas de todas las épocas y culturas. *Proverbios* insta a decidir sabiamente basando la vida en someterse a la voluntad de Dios. Según *Proverbios*, los jóvenes se enfrentan a dos grandes tentaciones de locura: la tentación de explotar a la gente para enriquecerse y la de caer en la inmoralidad sexual con mujeres fuera del matrimonio.

Dado que el antiguo Israel practicaba una cultura colectivista, muchas de las enseñanzas sapienciales de *Proverbios* se enmarcan en esta comprensión comunitaria. El texto enseña a amar a los amigos y a la comunidad y a evitar la explotación de los más vulnerables de la sociedad, como las viudas, los huérfanos y los pobres. Hay un elemento gubernamental en la sabiduría, porque *Proverbios* habla de no utilizar los tribunales o las estructuras oficiales para oprimir a la gente.

Proverbios es práctico en sus consejos, esbozando la perspectiva que debe tener un joven si quiere vivir una vida feliz y plena. *Proverbios* subraya que una vida feliz solo se encuentra en el servicio a Dios. *Proverbios* subraya que vivir sometido a Dios es la única manera de ser útil, además de ser feliz. Esto se extiende a través de la comprensión israelita de que ajustarse a los caminos de Dios trae bendiciones y apartarse de ellos trae maldiciones.

Proverbios aclara que Dios no es exclusivo de Israel, sino que su sabiduría se extiende por todo el mundo. Por eso, muchas de las enseñanzas de *Proverbios* se encuentran también en las escuelas de pensamiento mesopotámica y egipcia. El autor lo hace a propósito para subrayar que las enseñanzas sabias no se limitan a los templos, sino que deben impregnar todos los aspectos de la vida. *Proverbios* es un ejemplo temprano de la eliminación de las tradiciones religiosas de la práctica ceremonial, haciendo hincapié en que se trata de una forma de vida.

El aspecto comunitario de *Proverbios* no se limita a ayudar a los vulnerables, sino que se manifiesta en la forma en que anima a los jóvenes a trabajar duro y a ser humildes. La tradición sapiencial de *Proverbios* enseña que la alabanza por el carácter y el trabajo no debe venir de la misma persona, sino que debe ser invocada por quienes la rodean. Desalienta la pereza y procura construir miembros funcionales para la comunidad que contribuyan diligentemente.

Actividad 2

Lea el libro de los *Proverbios* y escriba un poema o un relato breve que personifique la sabiduría y la insensatez en su vida mientras reflexiona sobre las enseñanzas de las *Escrituras*.

_____

_____

_____

_____

_____

_____

_____

_____

_____

_____

El aspecto comunitario de la sabiduría de *Proverbios* es evidente. ¿Cómo cree que las estructuras oficiales y los contratos sociales explotan a los más vulnerables de la sociedad actual? ¿Cómo puede evitarse o remediarse?

_____

_____

_____

_____

_____

_____

_____

_____

_____

_____

Eclesiastés

De todos los escritos sapienciales, el libro del *Eclesiastés* es singularmente naturalista[12]

De todos los escritos sapienciales, el *Eclesiastés* es el único naturalista. El texto reconoce las complejidades de la condición humana y revela profundas verdades sobre la realidad a través de esta exploración. Desde el punto de vista de Dios, o del idealismo humano, el mundo parece sólido y debería ser justo. Los libros sapienciales de *Proverbios* y *Salmos* subrayan la importancia de tomar decisiones sabias para obtener resultados favorables. El *Eclesiastés* destruye ese idealismo con una dosis de oscura realidad. Haga lo que haga, nada es seguro.

Independientemente de lo que busque en este reino terrenal, todo es obsoleto. El *Eclesiastés* explica que para los buscadores de placer, los momentos de éxtasis pasan y la miseria vuelve en algún momento. Quienes persiguen la riqueza cambian todo su tiempo por dinero y puede que no lleguen a gastarlo antes de ser demasiado viejos. Entonces, dejan su herencia a quienes quizá no tengan ningún interés en ella. El autor del *Eclesiastés* subraya que incluso la búsqueda del conocimiento es vana, porque cuanto más se sabe, más aumenta la tristeza, ya que se ven mejor las complejidades de la maldad en el mundo.

Parece un planteamiento sombrío y nihilista, pero lo que hace es preparar el escenario para el mensaje de toda la *Biblia*: Dios es soberano, sobre todo. Intentar controlar el mundo y manipular los desenlaces de la vida es un disparate. El autor reconoce que es preferible seguir la sabiduría práctica de los *Salmos* y los *Proverbios*, pero también dice que eso no garantiza nada. Al igual que Job, que experimentó dificultades a pesar de ser intachable, todos deben reconocer que el Creador es soberano.

A través de todos los altibajos del ser humano, la muerte llama a la puerta de todos. El mensaje sencillo para superar el sinsentido y la injusticia de la vida es guardar los mandamientos de Dios y temerle. De este modo, se quita de encima la carga de resolver las complejidades y paradojas de la vida y la pone a los pies del único que puede entenderla, el Altísimo.

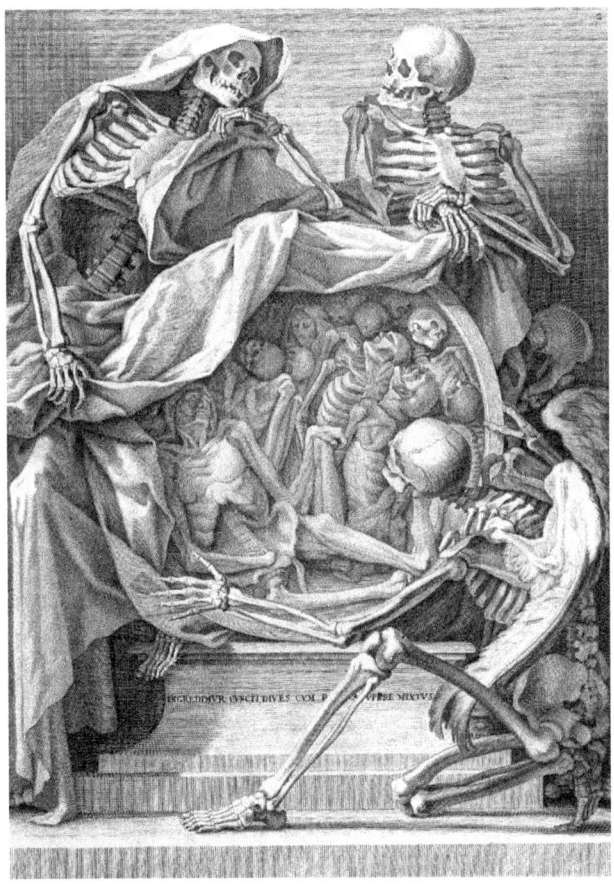

Representación artística de la Muerte[13]

El *Eclesiastés* trata sobre la comprensión de las limitaciones humanas en un mundo vasto y confuso. Por mucho que la gente intente mantener la ilusión del control, solo la gracia de Dios puede traer bendiciones, su misericordia sostener y su juicio castigar. Centrar la vida en el reconocimiento de que solo Dios tiene el control es el concepto bíblico de temer a Dios, repetido a lo largo del *Antiguo* y del *Nuevo Testamento*.

A menudo, las personas sienten que sus esfuerzos las llevan a tener la posición que tienen en la vida, pero olvidan que la misericordia de Dios está por encima de las obras de sus propias manos. Imagine a un hombre que se enriquece tallando intrincados diseños en muebles. Es muy respetado y sus obras de arte son codiciadas por famosos y políticos de todo el mundo. Dedicó interminables horas de práctica y mercadeo para alcanzar su nivel actual. De camino a casa tras una reunión de trabajo, sufre un trágico accidente de auto y pierde las dos manos. Todas las horas dedicadas a perfeccionar su oficio carecen ahora de sentido y debe encontrar una nueva forma de obtener ingresos. A pesar de sus esfuerzos, solo Dios lo ha dotado con la capacidad de prosperar. Al igual que Dios da todas las bendiciones, también puede arrebatarlas en un instante por razones que escapan a la comprensión humana. La única constante que tiene sentido durante y después del éxito es honrar a Dios, porque Él tiene el control. Este es el núcleo del mensaje del *Eclesiastés*.

Actividad 3

Enumere todos los logros de su vida que recuerde.

_____

_____

_____

_____

_____

_____

_____

_____

_____

Enumere todos los fracasos que recuerde.

_____

_____

_____

_____

_____

_____

_____

_____

_____

Reflexione sobre lo temporales que son estas experiencias.

_____

_____

_____

_____

_____

_____

_____

_____

_____

_____

Piense cuánto de lo que ocurre en su vida puedes controlar y cuánto está fuera de su control.

_____

_____

_____

_____

_____

_____

_____

_____

_____

A través de la lente de la soberanía de Dios, escriba sobre los aspectos de su vida que debería soltar para ser guiado por la confianza de un poder superior.

_____

_____

_____

_____

_____

_____

_____

_____

_____

_____

Parábolas

La enseñanza mediante parábolas es una técnica antigua común en muchas culturas y épocas. Jesús es muy conocido en la *Biblia* por utilizar parábolas para transmitir sus mensajes, haciendo que todo lo que decía resonara contextualmente con su audiencia. Sin embargo, el Mesías bebía de una larga tradición israelita de utilizar la metáfora para comunicar poderosas lecciones.

La *Parábola* bíblica se estructura en dos partes. La primera es el «*mashal*», cuando se cuenta una historia breve y atractiva. La segunda es la revelación, el «*nimshal*», la explicación que permite al público entender la parábola. Un ejemplo de esta estructura de *Parábola* es cuando Jotam se dirige al pueblo de Siquem en *Jueces* 9:7-15, refiriéndose a los árboles, que eligen rey entre ellos. Jotam completa la parábola en *Jueces* 9:16-20 comparando las imágenes con la situación política actual del pueblo de Siquem.

Natán utiliza esta misma estructura de parábola cuando reprende al rey David por la maldad que cometió contra Urías al mantener una relación adúltera con Betsabé. Natán comienza contando la historia de un hombre rico que robó el único cordero que tenía su vecino. David declara con confianza que cree que esa terrible persona merecía morir. Entonces Natán revela el *nimshal* e informa que David era ese hombre malvado, lo que hace que el rey se arrepienta.

Actividad 4

Elija uno de los temas constantes del *Antiguo Testamento*. Utilice la estructura del *mashal* y el *nimshal* para construir una parábola que comunique este tema de las *Escrituras*. Utilice símbolos que hagan la parábola relevante para un público contemporáneo.

_____

_____

_____

_____

_____

_____

_____

Capítulo 5: Las voces proféticas: de Isaías a Malaquías

Cuando se piensa en las *Escrituras*, probablemente lo primero que viene a la mente son las profecías. Las tradiciones abrahámicas veneran los mensajes de los profetas, que actúan como portavoces de Dios en la Tierra. Durante la historia de Israel, hubo acontecimientos sociales o políticos concretos en donde Dios se comunicaba a través de los profetas para hablar al pueblo sobre lo que ocurría en la Tierra. Los profetas a menudo hacían referencia a un período futuro en el que ocurriría la redención o el juicio.

¿Qué son las profecías?

Una descripción precisa de profecía es un mensaje que Dios entrega a su pueblo[14]

La gente confunde las profecías con la adivinación. Los profetas hablan de acontecimientos que ocurrirán en el futuro en la *Biblia*, pero esto no concuerda con la interpretación bíblica de las profecías. Un profeta es un embajador de Dios, por lo que una descripción más exacta de las profecías es que son mensajes que Dios transmite a su pueblo. Dios trabaja a través de un orden establecido y lo que comunica fluye a través de una jerarquía. Típicamente, Dios entrega un mensaje a un profeta y este lo transmite a los líderes o a las masas, dependiendo de los deseos del Altísimo.

Temas comunes de los mensajes proféticos

Los profetas mayores y menores enfatizan que Dios es soberano, sobre todo. Advierten al pueblo de un juicio venidero debido a su desobediencia, injusticia y adoración de ídolos. Aunque muchas profecías del *Antiguo Testamento* contienen advertencias aterradoras y descripciones de la ira de Dios que podrían hacer que el corazón de una persona se detuviera, también contienen una posible redención. Dios no castiga a su pueblo en vano. Cada vez que Israel u otras naciones eran juzgadas, era para que se arrepintieran de sus malos caminos y volvieran a la rectitud. Esta narrativa continúa a lo largo de la *Biblia*, en donde Dios prepara el camino para que su pueblo sea redimido, pero aplica la justicia cuando es necesario porque la misericordia y la equidad deben ser expresadas por igual.

Simbología de las profecías

Cuando se estudian las profecías bíblicas surgen imágenes simbólicas comunes. Los profetas a menudo comparan gobiernos, naciones o figuras clave con bestias, enfatizando la naturaleza carnal y destructiva que adoptan los injustos. Otro símbolo repetido es el adulterio o la prostitución, porque comprender el sistema de pactos es más fácil que un contrato matrimonial. El marido y la mujer se comprometen con el otro y hacen ciertos votos, en donde el rechazo de las relaciones extramatrimoniales es uno de los principios centrales. Del mismo modo, Dios se compromete a bendecir y cuidar a su pueblo, pero deben seguir sus mandamientos y no adorar a ídolos ni dioses extranjeros.

Como un matrimonio destruido por la infidelidad, la relación de Dios con su pueblo se rompe cuando quiebran sus promesas. Sin embargo, Dios es un esposo que perdona, que es misericordioso y siempre presenta la oportunidad de arrepentirse para que su pueblo pueda ser redimido. En los escritos apocalípticos los profetas utilizan a menudo un simbolismo profundo y esotérico porque podían hablar en contra de los imperios y arriesgarse a morir. Por ello, tenían que mantener en secreto el significado de sus escritos para que solo un grupo selecto pudiera entender el texto.

Profetas mayores

La diferencia entre profetas mayores y menores no es su importancia, sino la extensión de los rollos que se refieren a los detalles de sus vidas y profecías. Hay cuatro profetas mayores y doce profetas menores. Las *Escrituras* mencionan la existencia de otros profetas que hablaron en nombre del Dios de Israel y de dioses de otras naciones, pero no se hace referencia a ellos por su nombre. Muchos en el mundo antiguo ocupaban el cargo de profeta y era un puesto importante. Puesto que eran los portavoces de Dios, es comprensible que el texto bíblico se preocupara por separar a los falsos profetas de los auténticos.

Isaías

Isaías es uno de los profetas más significativos por los mensajes que transmitió sobre la venida del Mesías. La nación de Judá se había alejado de Dios cuando Isaías estaba más activo, entre el 739 a. C. y el 681 a. C. Se centraban en símbolos ceremoniales y sacrificios, pero habían abandonado por completo el corazón de la ley. El pueblo de Judá se había vuelto duro y trataba con desprecio a los vulnerables del reino. No tenían amor ni bondad en sus corazones, por lo que sus sacrificios carecían de sentido. Isaías ofreció las profecías más completas de un Mesías venidero y los cristianos creen que esas

Isaías[15]

profecías fueron cumplidas por Jesús. Mencionaba un nacimiento virginal y decía que el niño se llamaría Emanuel, que se traduce como «Dios con nosotros». Isaías destacó la falta de amor en Judá, que se restauró con la llegada de Cristo.

Jeremías

Jeremías[16]

Los libros de *Jeremías* y *Lamentaciones* están vinculados a este poderoso profeta. Jeremías actuó en las décadas previas a la caída de Judá y el cautiverio del pueblo durante setenta años en Babilonia. Utilizando la metáfora del adulterio y la prostitución, Jeremías explica cómo Judá abandonó a Dios al adorar ídolos. Además, Jeremías decía que los dirigentes de Judá eran corruptos y oprimían a los pobres, las viudas, los huérfanos y los inmigrantes, razón por la cual Dios iba a utilizar a Babilonia para juzgar a los israelitas. Aunque Babilonia era un imperio malvado, Dios lo utilizó para juzgar a Israel, tocando una vez más el recurrente tema bíblico de Dios transformando la maldad en justicia. Las advertencias de juicio de Jeremías se cumplieron, lo que facilitó el libro de las *Lamentaciones*, que registra los acontecimientos del exilio babilónico y atribuye el exilio al pecado de la idolatría. Las *Lamentaciones* expresan el dolor de Judá y concluyen con su arrepentimiento y esperanza en el futuro.

Ezequiel

Ezequiel[17]

Bajo el liderazgo de Nabucodonosor II, Babilonia había comenzado a apoderarse de Judá durante las profecías de Ezequiel. Como sacerdote, Ezequiel fue capturado debido a su alto rango y mantenido como siervo en la ciudad de Tel-Aviv. Como vasallo del Imperio de Babilonia, Judá ansiaba la libertad, con la esperanza de salir victorioso colaborando con sus vecinos egipcios. A orillas del río Chebar, Ezequiel tuvo una visión del juicio de Israel y sus vecinos, con Babilonia como herramienta. Ezequiel vio a Dios abandonando el templo de Jerusalén a causa de la idolatría y la corrupción. Sin embargo, profetizó que Dios redimiría a su pueblo y restauraría el templo. La poderosa imaginería de los huesos secos yaciendo en el desierto representaba la condición espiritual del pueblo de Dios, y luego los huesos restaurados con carne representan el renacimiento y la restauración a través de la redención de Dios de su pueblo. Ezequiel fue un precursor de las tradiciones apocalípticas, al hacer profecías sobre el final de los tiempos, que más tarde se repitieron en el libro del *Apocalipsis*.

Daniel

Daniel[18]

Daniel, junto con otros jóvenes, fue cautivo del rey Nabucodonosor. Profetizó que Judá sería oprimida en Babilonia durante setenta años, como Jeremías. La fe de Daniel se mantuvo firme durante toda su vida. De adolescente, Daniel se formó entre la aristocracia de Babilonia. Su habilidad para interpretar los sueños le granjeó el favor del rey Nabucodonosor y de los gobernantes que le sucedieron. Los celos de las élites hicieron que lo arrojaran al foso de los leones, pero salió ileso como señal de que había sido bendecido. Daniel utilizaba imágenes aterradoras de bestias en sus profecías para describir a los reinos que dominarían el mundo antes de los acontecimientos del fin de los tiempos. Las profecías de Daniel sobre el final de los tiempos se relacionan con las imágenes del Apocalipsis sobre la llegada del anticristo y el establecimiento del reino eterno de Dios, que gobernará sobre todos los demás reinos.

Profetas menores

Los textos de los profetas menores son más breves que los de los profetas mayores, pero no por ello menos importantes. En estos libros se refuerza el mensaje central de las profecías. El tema de Dios bendiciendo a Israel cuando cumple sus mandamientos y castigándolo cuando es injusto, falto de amor e idólatra se repite en estos breves textos. No está claro por qué Dios reveló más a unos profetas y menos a otros, pero los mensajes que transmitieron tienen la misma importancia porque proceden de Dios. El simbolismo utilizado en la vida de los profetas menores comunica mensajes poderosos y aclara los temas que se extienden a lo largo de las páginas del *Antiguo Testamento*, empezando por los cimientos iniciales de la *Torá*.

Oseas

Este profeta comenzó su obra cuando Israel ya se había dividido en dos reinos y actuó en el Reino del Norte. Oseas profetizó duras condenas reprendiendo a las élites que oprimían a los pobres y vulnerables y denunció la adoración de ídolos en Israel. El Señor utilizó la vida de Oseas como símbolo de su relación con Israel. La esposa de Oseas, Gomer, era una mujer promiscua. Sin embargo, Dios no llamó al profeta para reprenderla, sino lo contrario, instruye a Oseas para que se reconcilie y tenga hijos, expresando la representación simbólica de la relación de Dios con su pueblo. Aunque rompan el pacto y metafóricamente tengan relaciones adúlteras con otros dioses, el Señor

Oseas[19]

sigue siendo fiel a su parte del pacto, asegurando que después del juicio y la confusión, Israel será redimido.

Joel

Joel[20]

Joel es un profeta cuyo nombre significa «Yahvé es Dios». Estuvo activo alrededor del año 835 a. C. Cuando Joel entró en escena, el reino sureño de Judá estaba en caída libre económica, social y espiritualmente. En la época de Joel, Judá experimentó una devastadora plaga de langostas que asoló el reino y empeoró las dificultades. Joel utilizó esta plaga para subrayar que lo peor estaba por venir si Judá no cambiaba sus costumbres. Recordó que los profetas anteriores habían mencionado cómo el Señor utiliza los desastres naturales y los ejércitos invasores para juzgar a las naciones que practican la maldad. Como muchos otros profetas, Joel terminó con un mensaje de esperanza de que no todo estaba perdido (*y la calamidad podía evitarse*). Enfatizó que, si el pueblo se arrepentía y volvía a los caminos del Señor, sería bendecido y no tendría el trágico final de muchas otras naciones décadas antes.

Amós

Amós[21]

El ministerio del profeta Amós fue efímero, duró menos de un año, en el 760 a. C. Israel ya se había dividido en dos reinos y Amós era de Judá. Amós no era reconocido como profeta en las estructuras religiosas, sino que trabajaba como agricultor. Como no pertenecía a las estructuras religiosas, pudo profetizar abiertamente contra ellas. Señaló su hipocresía, porque celebraban rituales y ceremonias, pero explotaban a los pobres para construir su riqueza. Judá era todavía pequeño y no estaba amenazado por naciones más grandes. Amós condenó a Israel y a sus vecinos por el trato que daban a los pobres, diciendo que su injusticia era una señal de que rechazaban a Dios a pesar de su apariencia externa de santidad.

Abdías

Abdías[22]

No se sabe mucho sobre la vida de Abdías. Debido a que el nombre es bastante común, otras menciones del nombre no se pueden relacionar con exactitud con este profeta. Abdías pronunció su profecía cuando ambos reinos habían caído e Israel se encontraba en el exilio babilónico. El juicio del Señor sobre Israel era claro y el pueblo se lamentó y se arrepintió. También había una esperanza en la prédica de Abdías, que le hizo saber al pueblo que su cautiverio no era el fin. Profetizó que el día del Señor aún estaba por llegar y que las naciones serían juzgadas. Siguió proclamando que Israel sería restaurado, dando al pueblo quebrantado algo que esperar. Las profecías de Abdías destacaban que el Dios misericordioso daría a su pueblo otra oportunidad y abriría un camino para la redención después del juicio.

Jonás

Jonás fue un profeta rebelde. El libro de *Jonás* es breve, pero es una de las historias más populares de la *Biblia*. Jonás intenta huir de la profecía que debe entregar a los ninivitas. Sin embargo, su huida es inútil porque el Señor está a cargo de la Tierra. Mientras trataba de escapar, una tormenta arrasó el barco en el que viajaba. Los paganos rezaron al Dios de Israel y este les reveló que Jonás era la causa de la tempestad, así que lo arrojaron por la borda. Un gran pez se tragó a Jonás, y en su estómago, Jonás oró por la salvación y prometió completar la misión. Con el relato de la rebelión de Jonás, Dios enseña que incluso las naciones paganas pueden ser redimidas, y esto sienta las bases para el mensaje de amar a tus enemigos, que más tarde predicaría Cristo.

Miqueas

Miqueas comenzó su ministerio en el año 721 a. C., cuando Israel ya se había dividido en el reino septentrional de Israel y Judá en el sur. Miqueas predijo la caída del reino del norte. Este profeta fue una figura misteriosa, no se sabe mucho sobre su vida y el libro de *Miqueas* no presenta una narración sobre sus experiencias personales. El profeta predijo la caída de Judá, pero supuso que sería mucho antes. Algunos temas centrales de Miqueas son la condena de los falsos profetas y la represión de los líderes descarriados. Miqueas subraya que el hecho de que Israel sea el pueblo elegido por Dios no significa que esté libre de las consecuencias de sus actos. Miqueas afirma que es engañoso predicar esperanza al pueblo cuando está acumulando la ira de Dios. La profecía debe ser con el tiempo de Dios, reafirmando el tema de la soberanía del Señor.

Nahum[28]

Nahum

El libro de *Jonás* y el libro de *Nahum* van de la mano. Cuando Jonás advierte a los ninivitas de que su ciudad puede ser derribada, logrando que se arrepientan y sean redimidos por Dios, Nahum profetiza su destrucción. Nahum predicó que la ira del Señor es lenta, pero llega, y al igual que Judá e Israel habían sido juzgados, los asirios se enfrentarían al mismo trato. La brujería y la prostitución de Nínive hicieron caer la ira de Dios sobre ellos. Nahum describió con detalle cómo caería la ciudad, y veinte años después de sus profecías, los acontecimientos se cumplieron cuando los babilonios destruyeron la otrora poderosa región. Nahum demostró que Dios no gobierna exclusivamente sobre Israel. Él es el Dios *del mundo*, recurriendo al tema bíblico de la soberanía del Señor.

Habacuc

Habacuc[34]

El apogeo del ministerio de Habacuc fue cerca del final de Judá, antes de la caída del reino. En este punto, los israelitas de Judá se volvieron como las naciones circundantes, que tenían ídolos y oprimían a sus ciudadanos más vulnerables. Habacuc era único porque no se dirigía a Israel ni a sus dirigentes. En su lugar, se dirigió directamente a Dios. Habacuc se esforzaba por comprender si Dios era realmente bueno a causa de la injusticia que permitía en Judá. Dios respondió a Habacuc diciéndole que usaría a Babilonia para juzgar a Israel, con lo que el profeta se horrorizó, porque los babilonios eran aún peores. Sin embargo, Dios reafirmó a Habacuc en su naturaleza justa al revelarle que Babilonia también sería castigada por sus acciones. El mensaje principal que Dios transmite a Habacuc es que debe confiar plenamente en el Señor porque Él es justo y soberano.

Sofonías[25]

Sofonías remonta su linaje a Ezequías, pero aparte de este detalle, poco se sabe de este profeta. Sofonías profetizó durante el reinado de Josías, que fue el 16º rey de Judá entre los años 640 a. C. y 609 a. C. aproximadamente. Es probable que el profeta estuviera activo durante la primera parte del reinado de Josías, ya que en el libro se menciona a Asiria y Nínive, pero se omite a Babilonia, por lo que es posible que todavía no fueran una amenaza importante para el reino del sur. Siguiendo la tradición de los profetas anteriores, Sofonías se dio cuenta de que Judá se estaba apartando de los caminos del Señor y advirtió del juicio que se avecinaba si no se arrepentían. Sofonías también habló del día del Señor, en el que se produciría una destrucción masiva, en lo que se considera una profecía del fin de los tiempos.

Hageo

El ministerio de Hageo comenzó cuando un grupo de israelitas regresó a Judá después del exilio de setenta años en Babilonia. Ciro de Persia derrotó a los babilonios y permitió que algunos judaítas regresaran a casa bajo el liderazgo de Zorobabel, gobernador nombrado por los persas. Hageo tuvo una visión de la restauración del templo que había sido destruido durante la conquista babilónica. En cinco años, el templo fue reconstruido y dedicado al Altísimo. La reconstrucción del templo bajo las profecías de Hageo demuestra que después del juicio viene la redención.

Zacarías

Un punto central de las profecías de Zacarías es la soberanía del Señor, hilo conductor de toda la *Biblia* y fundamento de la cosmovisión israelita. Zacarías abrió la visión del Dios israelita como soberano sobre todas las naciones y llamó a todos a someterse a Él. Esto fue revolucionario en el mundo antiguo, donde se consideraba que los dioses estaban dedicados a regiones geográficas específicas y el Dios israelita era entendido de la misma manera. Muchos consideran la obra de Zacarías como una prefiguración del Mesías venidero que abrió la alianza final más allá de los israelitas.

Malaquías

Malaquías, al igual que Hageo, actuó durante el regreso de los israelitas del exilio babilónico. Este profeta habló en contra del comportamiento de los líderes israelitas, más específicamente del

Zacarías[26]

sacerdocio levítico. Muchos sacerdotes se volvieron decadentes e indulgentes, ofreciendo sacrificios inferiores al Señor, lo que podría remontarse a Caín en el *Génesis*, a quien el Señor reprendió por no ofrecer lo mejor de su cosecha. Además, Malaquías habló en contra de los matrimonios con mujeres de otras naciones que adoraban a dioses extranjeros, por lo que los divorcios eran frecuentes. Malaquías también exhortó al pueblo a diezmar más juiciosamente, porque esa era la puerta de entrada a las bendiciones. Malaquías destacó a Elías como precursor del Mesías y predicó sobre el fin de los tiempos o el día del Señor.

Relevancia de las profecías en el mundo moderno

Cuando se estudian las profecías entregadas a Israel, a sus líderes y las dadas a otras naciones, ciertos mensajes se repiten. Según las *Escrituras*, debido a la decadencia de la humanidad, es probable que las personas se desvíen del camino de Dios. Así, los mismos pecados que los israelitas abrazaron en el pasado (la injusticia y la idolatría) resurgen en los tiempos contemporáneos. Hoy en día, el mundo es cada vez menos religioso, por lo que puede que no esté claro qué son los ídolos. Sin embargo, la adoración de los bienes materiales y la veneración de las celebridades han sustituido a los dioses babilónicos a los que adoraban los israelitas. Además, hay una injusticia masiva en la Tierra, en la que los ricos explotan a los pobres y los mantienen en un ciclo opresivo de pobreza. Por lo tanto, el mensaje profético de los hombres de Dios es tan relevante hoy como hace siglos.

Actividad en grupo

Discuta en un grupo de cuatro o cinco personas cómo las profecías que advierten contra la idolatría y la injusticia y llaman al arrepentimiento son relevantes en el mundo de hoy.

Actividad de diario

Escriba en qué medida la llamada al arrepentimiento, las advertencias sobre las consecuencias de la idolatría y el alejamiento de los mandamientos de Dios son relevantes en su vida. *Lamentaciones* es un libro de duelo y arrepentimiento, incluya en su texto aquello de lo que cree que debería apartarse y arrepentirse.

Capítulo 6: Disección de los *Evangelios*

Los *Evangelios* culminan las narraciones de la *Torá*, continuando los escritos históricos, sapienciales y proféticos. Dios estableció un sistema de alianza de leyes, ceremonias y celebraciones. Un elemento central de este sistema era la práctica de sacrificios. Existen muchos sacrificios en la tradición israelita, pero uno de los más importantes era el Día de la Expiación. Este prestigioso día religioso tiene un capítulo entero dedicado a él en el libro del *Levítico*. Los israelitas se contaminaban a lo largo del año con sus pecados y por eso el Día de la Expiación ofrecían un sacrificio con la sangre de un animal para purificar a la comunidad.

Los *Evangelios* culminan las narraciones establecidas en la *Torá*, continuando con los escritos históricos, sapienciales y proféticos[27]

En el ritual se utilizaban dos cabras machos. El primero era sacrificado y ofrecido a Dios como pago por la deuda del pecado israelita. Un segundo macho cabrío, que asumía los pecados de la comunidad, era liberado en el desierto y simbólicamente se llevaba las cargas de los pecados del año. El segundo animal, conocido como chivo expiatorio, es el origen de la popular frase en español y en inglés. Para que los israelitas fueran perdonados de verdad, era necesario un sacrificio eterno. Por eso, Cristo vino a cumplir ese plan y permitió que todas las personas, en todo momento, pudieran ser perdonadas por sus pecados.

Evangelio se traduce como buenas noticias o una buena historia. Desde la óptica cristiana, el quid de las buenas nuevas es que Cristo se sacrifica para redimir los pecados de quienes creen en Él. La mayoría de los cristianos creen que Cristo es el Hijo de Dios y Dios en la carne. Para justificar esta postura, señalan diversas referencias neotestamentarias de las palabras de Jesús y las enseñanzas de los apóstoles. También señalan las profecías del *Antiguo Testamento*. Por lo tanto, para los creyentes, Dios establece un nuevo pacto que permite que todas las naciones habiten en su presencia a través del sacrificio de su hijo.

Contexto histórico de los *Evangelios*

La Iglesia es anterior al *Evangelio* escrito. Antes de que se escribiera el texto, se predicaba oralmente. Estas enseñanzas circulaban entre la primitiva iglesia clandestina, perseguida por las autoridades romanas y algunos líderes religiosos israelitas. El sacerdocio levítico actuó como puente de unión entre Dios y la humanidad mediante prácticas ceremoniales y sacrificios. Sin embargo, la nueva alianza de Cristo, que permite acudir a Dios directamente, puso en entredicho la autoridad que detentaban las élites religiosas. Para los romanos, que el pueblo reconociera a un rey por encima del emperador romano era motivo de preocupación, porque podría desencadenar una rebelión, como había ocurrido en levantamientos anteriores protagonizados por figuras mesiánicas. Así, en los *Evangelios* contemporáneos a Cristo y en los libros de *Pablo* después de su muerte, se ve cómo se entrecruzan todas estas dinámicas.

Poco después de la ascensión de Cristo, se hizo necesario escribir los *Evangelios* para mantener las enseñanzas, ya que muchos en la Iglesia estaban dispersos y eran perseguidos. Además, los israelitas ya tenían una sólida tradición de registrar mediante textos, por lo que los *Evangelios* fueron una continuación en la misma línea. Sin embargo, como en un juego de susurros silenciosos, los escritos del *Evangelio* transmitidos por tradición oral hicieron que aparecieran algunas diferencias en el texto. También se produjeron pequeñas contradicciones debidas a errores de traducción y de los escribas. Además, los escribas que los redactaron tenían sus prejuicios y puntos de vista sobre las partes de la historia que querían destacar. Por último, se desarrollaron *Evangelios* heréticos como los de los gnósticos, un colectivo de antiguos cultos cristianos. Muchos grupos heréticos promovían ideas fundamentalmente diferentes de las de la corriente principal del cristianismo reconocida hoy en día.

Los *Evangelios* de *Mateo, Marcos, Lucas* y *Juan* se consideran auténticos. *Marcos, Mateo* y *Lucas* se denominan los *Evangelios sinópticos*. La palabra *sinóptico* tiene raíces etimológicas en dos palabras griegas: «*syn*», que significa juntos, y «*optic*», que significa visto. Así pues, es mejor estudiar estas obras como un grupo debido a sus similitudes y coincidencias. El *Evangelio de Juan* es un libro más espiritual y no entra dentro de la categoría de *Evangelio sinóptico*. Sin embargo, también es válido. Podría decirse que, debido a su enfoque más espiritual y esotérico, el *Evangelio de Juan puede* haber tenido algunas influencias gnósticas de los primeros grupos cristianos que se ocupaban más del misticismo de la fe.

Cuando la Iglesia primitiva tomó forma, circulaban muchos *Evangelios* contradictorios. Así que los creyentes tuvieron que desarrollar una forma de determinar qué *Evangelios* eran auténticos y cuáles debían rechazarse y clasificarse como herejías. Los primeros cristianos utilizaron diversos criterios para determinar qué *Evangelios* eran auténticos y cuáles no. La fecha en que se escribió el *Evangelio* era crucial, ya que cuanto más cercano estuviera a la vida de Cristo, más probable era que fuera exacto. En segundo lugar, los primeros cristianos rechazaban los *Evangelios* escritos con seudónimos, razón por la cual se rechazaban textos gnósticos como el *Evangelio de Tomás* y el *Evangelio de Pedro*. Los primeros cristianos creían que los *Evangelios sinópticos* y el *Evangelio de Juan* habían sido escritos por los autores indicados en el título. Sin embargo, hoy en día muchos cristianos creen que no fue así y que estos textos también se produjeron bajo seudónimos. El último criterio era el grado de aceptación de los libros. Si se utilizaban en muchas de las incipientes iglesias de la época, se les concedía más autoridad.

El cristianismo pasó por varias fases. Cuando se escribieron los *Evangelios*, la Iglesia era todavía un colectivo disperso de grupos aislados. Primero los apóstoles y luego los padres de la Iglesia desarrollaron algunas doctrinas del cristianismo con mayor claridad. A lo largo de este proceso, se produjeron divisiones que dieron lugar a las numerosas denominaciones actuales. Las primeras iglesias formales fueron las estructuras ortodoxa y católica. Las denominaciones que surgieron de la Reforma protestante y de desacuerdos posteriores son más jóvenes y se formaron debido a diversas disputas o creencias. Sin embargo, hay enseñanzas esenciales que unen a los distintos grupos. La más esencial es confesar que Jesús es el Señor, que murió por los pecados de la humanidad y que solo a través de Él se puede obtener la salvación.

Cuál es el mensaje central del *Evangelio*

El mensaje central del *Evangelio* se estableció en el *Antiguo Testamento* a través de la comprensión de la soberanía del Señor. Desde el *Génesis* hasta *Malaquías*, el tema de Dios juzgando y redimiendo a las naciones se repite constantemente y sienta las bases para un *crescendo* de redención y juicio final. El libro de las *Revelaciones* fue prefigurado en los escritos proféticos como el Día del Señor. Este juicio final como restauración del Reino de Dios está delineado y ocurrirá en el futuro. El proceso redentor final y el pacto se establecen a través de Jesucristo.

Lo que impulsa la misericordia de Dios es el amor. El *Antiguo Testamento* simboliza un matrimonio en el que los israelitas cometen adulterio al adorar a otros dioses. Su injusticia y su trato explotador a los vulnerables ponen de relieve la falta de amor, razón por la que el Señor calificó sus corazones de endurecidos. Al aceptar a Cristo, se recibe un corazón nuevo. Así, en lugar de trabajar para ganarse el derecho a estar más cerca de Dios, el Señor ayuda a medida que se forma una comunión con Él. Por lo tanto, no es el ritual y la obediencia a la ley lo que purifica en el nuevo pacto, sino el amor a Dios lo que reforma el corazón.

Por eso las enseñanzas del Mesías se centran tanto en la doctrina del amor. Él critica el orden religioso de la época, porque estaban atrapados pensando en los detalles de la ley y olvidaban su propósito. Además, gran parte de las enseñanzas de Jesús se centran en los pobres y vulnerables. La única vez en el *Nuevo Testamento* en la que se ve a Jesús perder los estribos y ser violento es en el templo cuando los comerciantes y los mercaderes estaban estafando a la gente. Se sabe que no estaban siendo honestos en sus tratos porque Jesús los acusó de ladrones.

Otro mensaje central de las enseñanzas de Jesús es la misericordia y el perdón. Además de morir por el perdón de los pecados, Jesús practicó los principios de la gracia y la misericordia antes de su muerte y en su resurrección. La popular historia de la mujer adúltera que el pueblo quería apedrear es el indicador perfecto de la misericordia. Aunque la ley ordenaba apedrearla, Jesús facilitó el perdón pidiendo que la primera persona que tirara la piedra estuviera libre de pecado. Esto para enfatizar que nadie es perfecto y que todos requieren misericordia. Jesús vino a eliminar la dureza del corazón de la gente y animó a quienes escuchaban su mensaje a encontrar su humanidad.

Jesús enseñó un amor radical que no tiene parangón. *Lucas* 23:34 destaca el extraordinario amor de Cristo cuando el Mesías dice: «Padre, perdónalos, porque no saben lo que hacen». En el proceso de ser crucificado y experimentando el dolor más insoportable que puede sentir un humano, en lugar de maldecir a sus perseguidores, Jesús encuentra en su corazón una oración para su perdón. Muchos cristianos se centran en aferrarse a Jesús para lograr su salvación, lo cual es esencial, pero a menudo se olvidan que, mientras viven, sus acciones deben estar impulsadas por el amor, incluso hacia aquellos que hacen daño.

El mensaje fundamental de las enseñanzas de Jesús en su ministerio terrenal era partir del punto central de amar a Dios y extender ese amor a la humanidad. Junto al mensaje de amor e intrínsecamente ligado a él estaba el cuidado de los vulnerables. Jesús pasó tiempo entre los pecadores y siempre predicó bendiciones a los pobres. Cuando se piensa en el mundo de hoy y en cómo ven muchos cristianos a los sin techo, los drogadictos o las prostitutas, parece que hubieran olvidado todo lo que Cristo representa.

¿Quién es Jesucristo?

El carácter de Cristo cambia según a quién se le pregunte. Los laicos estudian la *Biblia* y llegan a la conclusión de que Cristo fue un predicador judío revolucionario, pero niegan los aspectos sobrenaturales del libro debido a los eventos milagrosos. En la tradición islámica, Jesús es respetado como profeta, pero se rechazan las afirmaciones de que sea el hijo de Dios o Dios en la carne. El judaísmo rabínico moderno considera a Jesús como parte de una larga serie de enseñanzas carismáticas y apocalípticas que surgieron cuando los israelitas vivían bajo el dominio romano. Desde el punto de vista bíblico, Jesús es el hijo de Dios y Dios en la carne que vino a redimir al mundo.

Jesucristo[38]

La conceptualización cristiana de las palabras de Isaías de que una virgen daría a luz y el niño se llamaría Emanuel o «Dios con nosotros» es que Jesús cumplió esta profecía. Por lo tanto, Jesús es el Mesías que la nación de Israel había estado esperando. Muchos israelitas se resistieron a este mensaje y todavía lo hacen hoy, porque creen que el Mesías sería un líder militar o político, pero no consideran el aspecto espiritual y lo que significa guiar a un reino eterno.

En esencia, Jesús es la culminación de la relación de Dios con su pueblo y con todas las naciones del *Antiguo Testamento*. Los ciclos de juicio y redención conducen a la revelación de Cristo como Mesías. Cuando Dios explica a Job que sus caminos no son fáciles de entender, una parte del cuadro se revela con la encarnación del Mesías. El sufrimiento, el juicio y la posterior redención que Dios muestra continuamente a Israel se revelan de forma cósmica remontándose a Adán y al pecado original. Antes de que el reino sea instituido en la Tierra, Dios ha preparado un camino para que su pueblo tenga comunión espiritual con Él a través de la sangre de Cristo.

Cristo es la palabra a través de la cual todo fue creado. Por lo tanto, el poder restaurador de la salvación viene solo a través de Él. Ningún otro sacrificio habría sido digno, así que Dios tuvo que venir en carne para que se manifestara la obra completa del *Antiguo Testamento*. En lugar de centrarse en una tierra prometida, Dios amplió la concepción de su reino a un ámbito espiritual para que, dondequiera que se encuentren las personas, puedan conectar con su presencia a través de Cristo.

Lectura paralela de los *Evangelios* para encontrar temas e historias comunes

Los cuatro *Evangelios* del *Nuevo Testamento* se escribieron en el siglo I después de la muerte de Cristo. El *Evangelio de Juan* es el más joven y el más singular. Hay muchas similitudes entre los *Evangelios sinópticos*, pero el *Evangelio de Juan* destaca. A diferencia de los otros *Evangelios*, en los que Jesús rehúye declarar abiertamente su identidad como Dios, en *Juan* hace estas declaraciones públicamente. Además, Juan comienza con una visión más cosmológica de Jesús y no dedica mucho tiempo a sus orígenes, a pesar de que menciona el nacimiento virginal milagroso. De los cuatro *Evangelios*, *Juan* destaca que Cristo está en pie de igualdad con el Padre, subrayando la existencia eterna del Hijo.

Marcos también es único entre los *Evangelios sinópticos* en la medida en que no dedica mucho tiempo al nacimiento y los primeros orígenes de Cristo. Sin embargo, hay mucha más coincidencia entre *Marcos* y los otros *Evangelios sinópticos* que con *Juan*. *Marcos* es el *Evangelio* más antiguo de la *Biblia* y el más breve, por lo que algunos lo consideran un resumen de los demás *Evangelios*. Existe la opinión de que *Mateo* y *Lucas* se escribieron tomando a *Marcos* como texto fuente, pero no está muy difundida.

Lucas y *Mateo* son los que más se cruzan. Algunos suponen que esto puede deberse a que comparten autoría, pero la opinión más aceptada es que probablemente se compusieron utilizando el mismo documento fuente llamado «*Q*», que se ha perdido para la historia. Los *Evangelios sinópticos* incluyen relatos de Jesús expulsando demonios, pero se omiten en el Evangelio de Juan, que enfatiza en la divinidad de Cristo, por lo que incluye los milagros más impresionantes, como resucitar a los muertos y convertir el agua en vino. El enfoque más terrenal de los Evangelios sinópticos consiste en el juicio y arresto de Jesús, la Última cena final, donde se instituyó por primera vez la Comunión, y Cristo orando para que le fuera retirado el cáliz amargo. Los cuatro *Evangelios* incluyen la traición de Judas a Cristo.

Actividad 1

Elabore un cuadro o gráfico en el que compare y contraste los *Evangelios de Mateo, Marcos, Lucas* y *Juan*. Incluya sus semejanzas y diferencias, mencione en qué partes de la narración enfatiza cada *Evangelio* y resuma el mensaje central que se transmite en los cuatro textos.

EVANGELIO	SIMILITUDES	DIFERENCIAS
Mateo		
Marcos		
Lucas		
Juan		

Jesús en la vida contemporánea

Jesús, desde el punto de vista cristiano, es el sacrificio eterno y la única puerta a través de la cual se puede acceder al Padre. Sin embargo, parte del cristianismo progresista contemporáneo rechaza la exclusividad de Cristo como vía de acceso a la comunión con Dios. Además, algunas doctrinas universalistas afirman que Cristo salva a todos, incluidos los que le rechazan. Sin embargo, la opinión mayoritaria de la fe acepta a Cristo como la única vía para conectar con el Padre.

Cristo dijo que es más fácil que un camello pase por el ojo de una aguja a que un rico entre en el reino de los cielos (*Mateo* 19:24). Además, cuando un hombre rico le preguntó cómo podía ser perfecto además de seguir la ley, Cristo le dijo que vendiera sus pertenencias y lo siguiera, lo cual era una carga demasiado pesada para el hombre (*Marcos* 10:21-22). Teniendo en cuenta la perspectiva materialista y el énfasis en la adquisición de riquezas que impregna la cultura mundial, incluida la Iglesia, hay que destacar algunas enseñanzas sobre la humildad y la irrelevancia de los tesoros terrenales.

Los medios sociales y el entretenimiento en línea han creado un ambiente que anima a la gente a ser más egoísta y egocéntrica. Cristo hizo hincapié en que hay que amar a los demás más que a sí mismo. El Mesías no puso la lupa en el amor propio, sino que asumió el acto más desinteresado de sacrificar su vida por el mundo. Incluso si una persona no acepta la narración bíblica como literal, la simbología de anteponer a los demás es sorprendente. El narcisismo que promueve una cultura obsesionada con la propia persona dista mucho del ejemplo de Cristo. Si se tiene en cuenta que Cristo es Dios en carne y hueso y que bajó de su trono para habitar entre la humanidad, pensar en lo humilde que es en comparación resulta transformador. El mensaje de Jesús es eterno, por lo que su aplicación hoy es tan nueva como cuando fue revelado, hace dos milenios.

La era moderna es adicta a los medios de comunicación constantes, que animan a la gente a comparar vidas codiciosamente. Algunas personas emergen en la cima y son puestas en un pedestal como los antiguos reyes que se comparaban con dioses. Si Jesús anima a la gente a amar a Dios por encima de todo y dejarlo todo para seguirlo, entonces estas acciones demuestran que hay una clara desalineación con las *Escrituras*. Jesús afirma que no volverá como pacificador, sino para juzgar al mundo, lo que plantea la cuestión de estas idolatrías e injusticias modernas que están acumulando la ira de Dios en esta época.

La *Biblia* enseña que es mejor sacar la paja del propio ojo antes que intentar sacar la paja del ojo de tu hermano (*Mateo* 7: 3-5). Cuando lee el *Evangelio* y reflexiona a partir de él, ¿qué tal le va? El estudio intelectual de las *Escrituras* es gratificante, pero la verdadera riqueza de la *Biblia* está en su aplicación práctica. No hay mejor ejemplo que Cristo en la narración porque Él representa el cumplimiento de todas las leyes y profecías. Por lo tanto, cuando se mida a sí mismo, Jesús debe ser el punto de referencia. Aunque siempre se quedará corto, razón por la cual fue necesario el sacrificio de Cristo, la vida de un creyente se construye en torno al esfuerzo por seguir el ejemplo de Jesús.

Actividad 2

¿Cómo se pueden aplicar en la era moderna las enseñanzas de Jesús de amar al prójimo, amar a los enemigos y amar a Dios por encima de todo? ¿Qué se entiende por amor según la interpretación bíblica? Para responder a esta pregunta, tenga en cuenta los acontecimientos mundiales que aparecen en las noticias y su vida personal.

Capítulo 7: El libro de los *Hechos*: el crecimiento de la Iglesia

El período inmediatamente posterior a la resurrección y ascensión de Cristo fue el más animado en el desarrollo de la Iglesia. El entusiasmo y la preocupación en torno a esta nueva religión causaron muchas controversias. Además, como ocurre con cualquier movimiento en sus inicios, lo que creían y practicaban aún estaba en desarrollo. El texto bíblico *Hechos de los Apóstoles* cubre este período vibrante y cambiante de la Iglesia primitiva. Los *Hechos* esbozan cómo se estableció la Iglesia bajo el liderazgo de Pedro y las actividades misioneras de Pablo.

En este atractivo libro se tratan algunos temas principales, como la función del Espíritu Santo, la persecución de los cristianos y la expansión de la Iglesia a todas las naciones. Mientras que el *Antiguo Testamento* trata principalmente de la historia de la relación de Israel con Dios, los *Evangelios* revelan cómo Dios es soberano sobre todo. Por lo tanto, la salvación se abrió a las naciones gentiles a través de la muerte y resurrección de Cristo. En un momento en que las visiones de los dioses estaban ligadas a naciones e imperios, la idea revolucionaria de un Dios trascendiendo la geografía, la cultura y la política era radical. El libro de los *Hechos* contextualiza cómo se difundió esta idea nueva y extrema y cómo la gente abrazó esta nueva fe revolucionaria.

Autoría y contexto histórico del libro de los
Hechos

El mismo individuo que escribió el *Evangelio de Lucas* fue responsable de la autoría de los *Hechos de los Apóstoles*. Algunos sostienen que fue Lucas. Otros afirman que el autor del *Evangelio* utilizó un seudónimo. En cualquier caso, el análisis textual vincula ambos libros al mismo autor. Los *Hechos* se escribieron después del *Evangelio de Lucas*, entre el 75 d. C. y el 95 d. C. Muchos creen que, junto con Pablo, Lucas escribió la mayor parte del *Nuevo Testamento*.

Aunque Lucas no fue testigo ocular del ministerio de Cristo, era un hombre culto que investigó exhaustivamente entrevistando a testigos de los hechos. Viajó con Pablo y probablemente se reunió con muchos otros apóstoles durante su viaje. Lucas era médico, por lo que pertenecía a la clase más culta de su época. Por su forma sistemática y detallada de escribir, se le considera uno de los mejores historiadores de la época.

Los *Hechos* abarcan una gran parte del desarrollo de la Iglesia primitiva, más de treinta años. El libro describe los cuarenta días posteriores a la resurrección hasta la ascensión de Cristo. Destaca la conversión de Pablo y cómo las creencias de la Iglesia se solidificaron desde el principio. Los *Hechos de los Apóstoles* destacan la función del Espíritu Santo, la tercera entidad de la Trinidad en la mayoría de las doctrinas cristianas dominantes. *Juan* 14:26 dice: «Pero el abogado, el Espíritu Santo, a quien el Padre enviará en mi nombre, les enseñará todas las cosas y les recordará todo lo que yo les he dicho». En los *Hechos*, se encuentra al Espíritu Santo moviéndose de diversas maneras para guiar a la Iglesia correctamente en su nacimiento.

El escenario geográfico, político y social de los *Hechos* es el Imperio romano. La Iglesia se extiende desde el Oriente Próximo, en Israel, a otras partes mediterráneas del mundo grecorromano en ciudades metropolitanas como Corinto, Antioquía y Roma. El libro describe además cómo la religión se extendió por el norte de África y otras rutas de viaje que convirtieron el cristianismo en una fe global. Aunque se menciona a varios misioneros, *Hechos* se centra principalmente en Pedro en la primera mitad y en la labor de Pablo en la segunda.

Los *Hechos* ponen de relieve los triunfos y las tensiones de la fe primitiva. Trata temas como el bautismo de los gentiles, si debían guardar la misma ley de pureza que los judíos y las luchas de los primeros cristianos contra la autoridad judía y romana. El libro enlaza con el tema bíblico de la soberanía de Dios plasmada en el anuncio de Pedro según el cual los creyentes deben seguir los mandatos de Dios en lugar de la autoridad de los hombres.

Los apóstoles y cómo hicieron crecer la Iglesia católica

Al acercarse a la palabra católico, es fácil dejarse llevar por el pensamiento confesional. Lo primero que viene a la mente es la Iglesia católica romana o la práctica del catolicismo. Sin embargo, esta es una visión estrecha del concepto y de la historia de la Iglesia.

El establecimiento de la Iglesia católica es la institución del catolicismo como una iglesia global[29]

La raíz lingüística de «católico» viene del griego «*kata*», que significa «según» y «*holos*», que significa «el todo». Una forma sencilla de entenderlo es que católico significa «universal». Por lo tanto, el establecimiento de la Iglesia católica no es la institución del catolicismo romano tal y como se entiende hoy en día, sino la creación de una iglesia global. En los primeros días de la fe, existían grupos de culto cristianos que estudiaban todo lo que encontraban a su alcance y tenían creencias muy diversas. El establecimiento de la iglesia universal bajo la operación del Espíritu Santo esbozado en *Hechos* es la historia de cómo se unificó la Iglesia.

Cuando la Iglesia estaba en sus etapas iniciales, había confusión. Cristo había ascendido, por lo que los discípulos que lo habían seguido durante los últimos años se quedaron casi sin dirección. Sin embargo, antes de su partida, Jesús les dio instrucciones de salir al mundo y dar testimonio de Él. El inicio de la Iglesia fue en Jerusalén, cuando muchos sacerdotes se convirtieron y abandonaron el servicio del templo para convertirse en discípulos de Cristo. Cuando la gente vio que el liderazgo de Dios ahora se transmitía por los apóstoles, muchos se unieron y la Iglesia creció exponencialmente. El catolicismo llegó a Chipre y al sur de Galacia partiendo desde Jerusalén. A continuación, la Iglesia se extendió a Grecia y Éfeso. Finalmente, los testigos llegaron a Cesarea y, por último, a Roma.

Según la narración bíblica, el Espíritu Santo fue el responsable de la capacidad milagrosa de los pequeños grupos de culto cristianos para extenderse hasta convertir su fe en una religión mundial. El inicio de la obra del Espíritu Santo para propagar la fe en el libro de los *Hechos* comenzó con el Pentecostés o la Fiesta de las Semanas, una celebración judía cincuenta días después de la Pascua. *Hechos* 2:1-3 describe los acontecimientos milagrosos que ocurrieron cuando los apóstoles estaban reunidos en la celebración. La *Escritura* describe una ráfaga de viento, un estruendo y la extraña aparición de lenguas de fuego que se posaron sobre ellos. Se produjo un milagro porque todos los presentes podían entenderse entre sí a pesar de hablar lenguas diferentes.

Este acontecimiento puede relacionarse con la historia del *Antiguo Testamento* de la torre de Babel, cuando se confundieron las lenguas de las naciones. El movimiento del Espíritu Santo ahora reunió las lenguas, pero no para satisfacer los deseos de la humanidad, sino para promover el reino de Dios. El Espíritu Santo manifestándose a los apóstoles y dándoles el entendimiento de diferentes lenguas para que la gente entendiera lo que ellos decían los hizo testigos efectivos para ir a todas las naciones. Se discute si este versículo debe interpretarse literalmente o en sentido figurado. En cualquier caso, a partir de ese momento se consolidó la descentralización del *Evangelio* y el Dios de Israel se convirtió en el Dios del mundo.

Actividad 1

Elabore un mapa de cómo se extendió la Iglesia primitiva desde un pequeño rincón de Jerusalén hasta Roma. Trace los puntos clave según los *Hechos* y explique qué sucesos significativos ocurrieron.

De Jerusalén a Roma: Cómo la fe conquistó el mundo

Antes del ministerio, muerte, resurrección y ascensión de Cristo, las *Escrituras* centran la creencia en Dios en torno a Israel. Desde la época de Moisés, miran hacia la Tierra Prometida. Curiosamente, aunque Moisés desempeñó un papel fundamental en la entrega de la ley, nunca entró en esta tierra. Llevó a los hebreos hasta las puertas de Canaán, pero Josué fue elegido para guiarlos tras pasar cuarenta años en el desierto.

Había un mensaje clave que el pueblo no entendió, pero Moisés sí. Nunca se trató de la Tierra Prometida, sino de habitar en presencia del Señor. Por eso, un viaje que debía durar unas semanas se prolongó durante décadas. Incluso en el desierto, las necesidades de los israelitas se satisfacían porque estaban cerca de Dios. Cuando caían, Dios abría un camino de redención.

En el relato del *Génesis*, los progenitores de la humanidad fueron engañados por la serpiente, lo que provocó la caída. En la *Torá*, hay un relato en el que Israel fue atacado por serpientes y, para poder sobrevivir, tenía que mirar a una serpiente de bronce elevada sobre un bastón. Esta serpiente de bronce era la precursora de Cristo; en el nuevo pacto, la humanidad tuvo que mirar hacia la redención. Al igual que Cristo se reflejaba en la serpiente de bronce, también el Espíritu Santo se reflejaba en el relato de la torre de Babel, que confundía las lenguas de las naciones, hasta el Pentecostés, cuando se restableció la unidad de las lenguas para difundir el *Evangelio* de Cristo.

Por lo tanto, según el paradigma cristiano, la única razón por la que la Iglesia pudo extenderse desde Jerusalén hasta Roma fue la presencia de Dios o que el Espíritu Santo estaba con los apóstoles y los primeros discípulos. La división de naciones que Dios había causado como castigo fue restaurada a través de la bandera de unidad de la Iglesia. Bajo el mandato de Cristo, ya no había judíos ni gentiles, sino una sola nación.

La declaración de que el cristianismo puso a la humanidad bajo una única bandera fue controvertida en el mundo antiguo, especialmente en el Imperio romano. El cristianismo se extendió rápidamente, por lo que finalmente, las masas declararon que el verdadero rey era Jesús. La sociedad romana estaba bien conformada y reconocer a un rey por encima del emperador amenazaba la estabilidad del Imperio. De ahí que los primeros cristianos se enfrentaran a las persecuciones. Además, el cristianismo amenazaba al sistema rabínico judío, porque una de sus enseñanzas fundamentales es que se puede acceder directamente al Padre. Por lo tanto, las clases eruditas y sacerdotales fueron desafiadas, causando más fricciones.

Estos conflictos dieron lugar a muchos arrestos y martirios. En lugar de obstaculizar el crecimiento de la Iglesia, los primeros mártires ayudaron a su expansión. Dado que la gente estaba dispuesta a morir por esta creencia, se creó una mística que atrajo a muchos nuevos seguidores. Por lo tanto, la persecución de los cristianos tuvo el efecto contrario del que buscaban las autoridades judías y romanas. Esta transformación de la maldad en metas justas es un tema general que se repite en el *Antiguo Testamento*, como la desobediencia de Jonás, que llevó a los paganos a invocar al Dios de Israel.

Actividad 2

Reflexione sobre la importancia de que los apóstoles recibieran al Espíritu Santo en Pentecostés para difundir el *Evangelio* a todas las naciones. Escriba sobre las diferencias en cómo los primeros israelitas veían la salvación como algo nacional y cómo el nuevo pacto de Cristo abrió la redención a todas las naciones, incluidos los gentiles.

Los viajes misioneros de Pablo

La vida completa de Pablo es uno de los ejemplos más drásticos de un individuo que cambia su camino por Dios. Como Saulo, un fariseo, Pablo se dirigía a Damasco para arrestar y matar cristianos. Antes de convertirse en Pablo, Saulo nació en Tarso, de padres religiosos estrictos que se adherían a la ley de Moisés. Saulo creció y se convirtió en un líder religioso. Estaba empeñado en erradicar a todos los cristianos, creyendo que actuaba según la voluntad de Dios. Pablo, cegado por la convicción religiosa, sacaba a hombres y mujeres de sus casas y los arrojaba violentamente a la cárcel.

Pablo[80]

En el camino a Damasco, Saulo tuvo una visión de Jesús preguntándole por qué lo perseguía. La luz del Señor cegó a Saulo, que más tarde pasó a llamarse Pablo por su nombre romano, para que los gentiles a los que llevaba el mensaje lo recibieran más abiertamente. En su estado vulnerable, incapaz de ver, Pablo siguió las instrucciones de Jesús y continuó hacia Damasco para encontrarse con Ananías. Al principio, Ananías tuvo miedo, porque conocía la reputación despiadada de Pablo. Sin embargo, fiel a Dios, puso sus manos sobre Pablo, que le contó su encuentro con Cristo. Después de que Ananías orara por Pablo, éste recibió el Espíritu Santo y fue bautizado.

Pablo, que antes era el principal condenador de los cristianos, fue inmediatamente a las sinagogas a proclamar a Cristo como rey. Pasó de ser un despiadado asesino y encarcelador de cristianos a uno de los creyentes más famosos de todos los tiempos. A medida que crecía su audacia, Pablo predicaba la fe más ampliamente. Predicó en Damasco, Siria, y su provincia natal, Cilicia. Después de que Bernabé le pidiera que le acompañara, fueron a Antioquía.

El principal objetivo de Pablo era predicar la fe a las naciones gentiles, por lo que pasó mucho tiempo entre ellas. Fue arrestado en Macedonia tras ser acusado falsamente de incitar disturbios después de expulsar demonios de una muchacha. Ella no paraba de decirle que era un mercader de Dios diciendo a la gente cómo salvarse. El demonio dentro de esta esclava le otorgaba habilidades sobrenaturales de adivinación que eran muy rentables para sus dueños. Por lo tanto, después de que ella perdiera el don, la ira de los amos los impulsó a buscar venganza contra Pablo, por lo que él y Silas fueron a la cárcel. Las alabanzas de Pablo facilitaron un milagro en la prisión cuando un terremoto hizo que se abrieran todas las puertas, pero ninguno de los prisioneros escapó.

La segunda vez que Pablo fue arrestado fue en Jerusalén. Pablo predicaba fielmente el *Evangelio* dondequiera que iba. Sin embargo, como le enseñaba la palabra a los gentiles y les decía que no tenían que circuncidarse ni cumplir las leyes de purificación judías, las autoridades religiosas volvieron a acusarlo falsamente de obligar a los judíos a abandonar sus tradiciones. Para demostrar que los líderes religiosos estaban equivocados, acompañó a los israelitas a cumplir los rituales de purificación, pero fue arrestado por llevar a los gentiles al templo y alejar a los judíos de sus costumbres. Estas acusaciones eran falsas.

Mientras era juzgado en Jerusalén, los líderes religiosos se volvieron excesivamente violentos, lo que llevó a las autoridades romanas a trasladar a Pablo a Cesarea. Finalmente, Pablo quedó bajo arresto domiciliario en Roma, donde escribió epístolas a las distintas iglesias. Su ministerio terminó con el martirio de Pablo en Roma, pero su obra ya había difundido la fe por todas partes.

Actividad 3

A menudo, el *Antiguo Testamento* habla de corazones endurecidos. A través de Cristo, la *Biblia* ofrece un camino para recibir un corazón de carne que sustituya al corazón de piedra. La transformación de Saulo en Pablo encarna perfectamente este intercambio. Comente las diferencias en el carácter y la mentalidad de Pablo después de encontrar a Cristo.

_____

_____

_____

_____

_____

_____

_____

_____

Actividad 4

Elabore un mapa del viaje misionero de Pablo, incluyendo cuando estuvo en prisión. Destaque los acontecimientos significativos que ayudaron a difundir la fe cristiana.

_____

_____

_____

_____

_____

_____

_____

_____

_____

_____

La Iglesia antigua y la Iglesia moderna

El cristianismo es la religión más practicada en el mundo[81]

El cristianismo es la religión más practicada en el mundo, aunque en algunas partes los cristianos sufren una fuerte persecución. Sin embargo, la fe se ha convertido en la corriente dominante en muchas naciones. Ser cristiano en el mundo antiguo era una sentencia de muerte, pero la gente no podía esconderse porque las *Escrituras* ordenaban predicar el *Evangelio*. Esto significaba que muchos de los primeros seguidores de lo que entonces se llamaba «el Camino» estaban firmando sus propias sentencias de muerte. Este martirio fue una de las razones por las que el cristianismo se extendió tan rápidamente, porque una vez que las masas vieron que la gente creía en esta idea con tanta fuerza que estaba dispuesta a morir por ella, muchos se convirtieron.

Al igual que en la Iglesia moderna, hubo desacuerdos durante los inicios del cristianismo. La fe comenzó en Jerusalén y al principio estaba formada principalmente por judíos. Sin embargo, Pablo y Bernabé se ganaron a un número creciente de creyentes gentiles. Se discutía si era obligatorio circuncidarse y llegaron a la conclusión de que los gentiles no tenían que circuncidarse ni cumplir las leyes de purificación judías para ser cristianos.

El principio que permitía a los gentiles conservar algunas de sus costumbres y a los judíos conversos seguir practicando sus propias tradiciones demostraba que la fe cristiana debía estar abierta para que todas las naciones se unieran alrededor de Cristo. La prueba de este fundamento multicultural sigue viva hoy en día cuando se ven nacionalidades que practican un cristianismo propio de su identidad cultural. Por ejemplo, la Iglesia ortodoxa etíope tiene una forma de culto africana en su iconografía y en los ritmos de tambor que utiliza durante las misas, y el brillo y el glamour de muchas iglesias carismáticas tienen un aire estadounidense moderno.

La Iglesia primitiva reunía muchos de sus recursos y funcionaba como una comunidad. Era muy diferente de las iglesias modernas, que reúnen dinero para actividades y para mantener los edificios, pero no viven en comunidad como lo hacían los primeros creyentes. La iglesia primitiva era una comunidad, mientras que las iglesias actuales forman parte de comunidades más amplias. Había más unidad en la Iglesia primitiva porque la idea de una Iglesia católica o universal estaba más profundamente arraigada. La evolución posterior trajo consigo muchos cismas y conflictos que dieron lugar a las denominaciones actuales.

Actividad 5

Ahora que estudió los *Hechos* y la expansión de la Iglesia primitiva, ¿hay diferencias significativas entre la Iglesia de entonces y la actual? En caso afirmativo, ¿cuáles son?

_____

_____

_____

_____

_____

_____

_____

_____

_____

¿Cómo cree que la Iglesia moderna puede reformarse para alinearse más con la Iglesia original después de la aparición del Espíritu Santo en Pentecostés?

¿Cuáles son las similitudes entre la Iglesia antigua y la Iglesia contemporánea? ¿Cuáles son los aspectos positivos y negativos de esas similitudes cuando se sopesan bajo el criterio de producir creyentes comprometidos?

¿Cómo se pueden potenciar los aspectos positivos y disminuir los negativos?

_____

_____

_____

_____

_____

_____

_____

_____

_____

_____

Capítulo 8: La sabiduría de las epístolas

Epístola es otro nombre para una carta que los apóstoles escribían a la Iglesia para corregirla, aclararla o animarla. En los primeros días de la Iglesia, el movimiento estaba creciendo, y se necesitaba mucha orientación de los apóstoles, a quienes Jesús había confiado la edificación de su congregación. Los dolores de crecimiento de la Iglesia y la naturaleza multicultural de los conversos crearon confusión y discusiones. Por lo tanto, los apóstoles tenían la tarea de definir claramente el mensaje del *Evangelio* y la forma de practicar correctamente la fe. Estas cartas abordan las dificultades de la fe primitiva, que la Iglesia moderna todavía experimenta hoy en día. Por lo tanto, el estudio de estas cartas proporciona una visión profunda de los entresijos prácticos del cristianismo y revela cómo se estableció históricamente la Iglesia.

Las epístolas paulinas

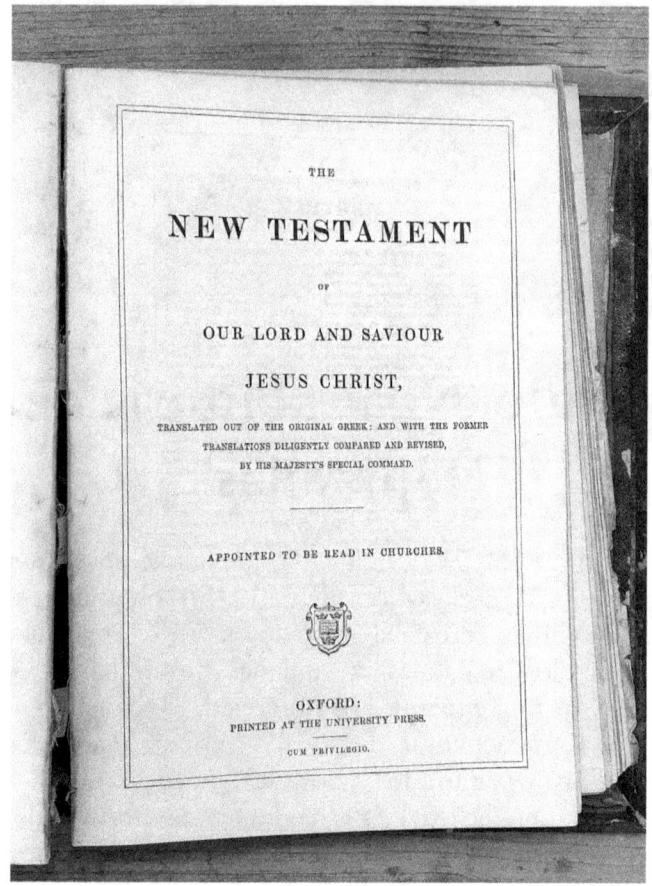

El *Nuevo Testamento* incluye las epístolas paulinas[82]

Como su nombre indica, las epístolas paulinas son las cartas incluidas en el *Nuevo Testamento* escritas por Pablo. Algunos de estos textos no fueron escritos por el apóstol, sino que los autores utilizaron su nombre como seudónimo para dar más autoridad a los textos. Esto puede parecer extraño hoy en día, pero era una práctica común en Medio Oriente y el Mediterráneo en aquella época. Las epístolas de Pablo se dividen en cuatro grupos: las auténticas paulinas, las deuteropaulinas, las epístolas pastorales y un sermón anónimo que algunos atribuyen al apóstol. Lo que hace únicas a las epístolas paulinas es que la mayoría iban dirigidas a regiones y personas concretas y no a la Iglesia en general. Fueron las cartas que Pablo escribió en sus misiones por todo el mundo y cuando estaba bajo arresto domiciliario en Roma.

Epístolas paulinas auténticas

La primera de las epístolas paulinas auténticas es *Romanos*. El tema principal del apóstol en esta carta a la Iglesia romana es la salvación. Pablo describe que la salvación se obtiene por la fe en Jesucristo, lo que significa que no se gana con buenas obras. Pablo explica que cuando alguien cree en Cristo, es reformado y exhibe dones para edificar la comunidad cristiana. La Iglesia romana era étnicamente diversa porque estaba en el centro del Imperio. Por lo tanto, es probable que esta carta fuera escuchada por conversos gentiles y judíos en Roma. Teniendo en cuenta la diversidad dentro de la Iglesia romana, Pablo hizo hincapié en una identidad unificada para conseguir que la gran metrópoli trabajara unida a través de la fuerza unificadora de Cristo a pesar de sus diferencias.

Pablo se enteró de que la Iglesia de Corinto iba por mal camino, así que compuso la epístola *1 Corintios* para ofrecer orientación y corrección. El apóstol estaba de viaje misionero en Éfeso cuando recibió una carta de la Iglesia de Corinto que le preocupó. Un miembro llamado Cloe escribió a Pablo informándole de peleas en la Iglesia y explicando otros detalles sobre lo que estaba sucediendo. La carta fue escrita alrededor del año 55 d. C. y dirigida a la Iglesia de la ciudad que Pablo había fundado. Los congregantes se habían vuelto orgullosos y justificaban la inmoralidad sexual. En *1 Corintios* 13:4-7 Pablo ofrece la definición bíblica más exhaustiva del amor, explicando a los miembros de la Iglesia que actuaban mundanamente con sus luchas internas y su comportamiento. Pablo describe el cuerpo como un templo y dice que la conducta de la Iglesia debe reflejar su naturaleza renacida. El mensaje principal de esta carta es que todo lo que hace la Iglesia debe ser para la gloria de Dios.

La segunda epístola de Corintios es una continuación de la primera. Después de oír cómo se había corroído la iglesia de Corinto, el apóstol hizo un viaje a la ciudad. Después de visitar la iglesia, Pablo volvió a Éfeso y les escribió de nuevo, expresándoles su pesar. Sin embargo, esta carta se perdió con el paso del tiempo; *2 Corintios* fue una carta escrita por Pablo desde Macedonia, después de que Tito le enviara un informe de buenas noticias sobre mejoras en la Iglesia, alrededor del año 56 d. C. En esta segunda epístola, Pablo refuerza la idea de la unidad después de que muchos en la Iglesia de Corinto se arrepintieran de sus malos caminos. Sin embargo, a algunos congregantes les preocupaba la naturaleza humilde de Pablo, por lo que dudaban de su autoridad. Por ello, Pablo refuerza su papel, subrayando que es tan importante como los demás apóstoles, y da algunos detalles sobre su vida. El apóstol subraya que el perdón y la reconciliación son las piedras angulares del mantenimiento de la Iglesia.

En el año 51 d. C., Pablo funda una iglesia en Galacia, que hoy forma parte de Turquía. Pablo escribe a la Iglesia de Galacia porque habían surgido numerosos falsos maestros que afirmaban que, para ser cristianos, los creyentes debían observar las leyes de pureza dadas a Israel en el *Antiguo Testamento*. El mensaje de Pablo a esta iglesia es que deben centrarse en la gracia salvadora de Cristo a través de la fe en Él en lugar de ser víctimas de falsos maestros legalistas. La mezcla de judíos y gentiles en la Iglesia creó un problema teológico sobre la importancia de la Ley mosaica. Un grupo insistía en que, para ser salvos, los conversos gentiles debían circuncidarse. Pablo rechaza estas afirmaciones en la carta, subrayando que la fe en Cristo es el único camino hacia la redención.

Pablo estuvo encarcelado en una celda romana mientras escribía *Filipenses*. Las condiciones en las cárceles modernas son como las de un hotel de cinco estrellas comparadas con las de las prisiones antiguas. Por lo tanto, se puede imaginar lo mucho que sufrieron los apóstoles encarcelados. Paradójicamente, Pablo escribió a la iglesia en *Filipenses* para enfatizar en la alegría en medio de estas penurias. Pablo destaca que hay mucha alegría en ser discípulo de Cristo y que independientemente de lo que la gente pase, el servicio al Señor es edificante. Este mensaje es especialmente profundo e inspirador, teniendo en cuenta las terribles circunstancias de Pablo.

La primera carta de *Tesalonicenses* es la más antigua de las cartas de Pablo y se remonta al año 51 de nuestra era. Pablo escribió a *Tesalónica* pocos meses después de establecer la iglesia en la región. Cuando el apóstol escribió a la Iglesia de Tesalónica, se encontraba en una misión en Corinto. De todas las cartas de Pablo, esta es la que habla más claramente del fin de los tiempos. Destaca el regreso de Cristo y que los creyentes estarán unidos a Él. Pablo ofrece palabras de aliento porque los tesalonicenses permanecieron fieles a pesar de la persecución. Pudo haber mencionado el regreso de Cristo en esta carta para dar a la Iglesia que luchaba bajo la opresión algo de esperanza.

Pablo dirige esta carta a Filemón, un líder de la Iglesia de Colosas, en lugar de dirigirse a la Iglesia en general. De la carta se desprende que Pablo y Filemón tenían una estrecha amistad. Filemón era un cristiano primitivo propietario de esclavos que albergaba una iglesia en su casa. Uno de los aspectos más controvertidos de la *Biblia*, a menudo subrayado por los críticos, es que no hay ninguna condena rotunda de la esclavitud ni en el *Nuevo* ni en el *Antiguo Testamento*. Sin embargo, la práctica era común en la época, por lo que no estaba tan mal vista como hoy. Pablo envió a Onésimo, un esclavo fugitivo, de vuelta a Filemón, pidiendo a su amigo que lo recibiera con gracia porque ahora era creyente. La carta subraya que, incluso en una relación amo-esclavo, debe mostrarse amor entre creyentes.

Epístolas deuteropaulinas

Las epístolas deuteropaulinas están en consonancia con la antigua tradición de la Iglesia primitiva, en la que se utilizaban seudónimos para dar mayor autoridad a los textos. Aunque Pablo no es el autor de las cartas deuteropaulinas y algunos las califican de falsificaciones, forman parte del canon bíblico. Las epístolas deuteropaulinas comparten temas con las cartas auténticas de Pablo y probablemente se inspiraron en ellas. Entre ellas están *Efesios*, *Colosenses* y *2 Tesalonicenses*. Además, las epístolas pastorales de *1 Timoteo*, *2 Timoteo* y *Tito* forman parte de este grupo porque el consenso académico es que Pablo tampoco las escribió (Ehrman, 2009). Aunque es probable que estas cartas no fueran escritas por el apóstol, pueden haber sido compuestas por sus seguidores, por lo que sus enseñanzas se consideran valiosas, de modo que se incluyen en el canon bíblico.

Aunque el consenso de los eruditos modernos es que las cartas deuteropaulinas no fueron escritas por Pablo, están construidas de forma que parecen escritas por sus seguidores. Muchos creen que estas cartas fueron escritas por uno de los aprendices de Pablo después de su muerte. La epístola de *Efesios* fue escrita probablemente en algún momento de los años 60 d. C. Escrita bajo el seudónimo de Pablo, vuelve a hacer un llamamiento a la unidad de la Iglesia, afirmando que los creyentes deben comprometerse con Dios en primer lugar y también entre sí. La carta anima a los creyentes a permanecer firmes en su fe a pesar de sus luchas.

2 Tesalonicenses es otra carta que puede no haber sido escrita por Pablo, pero que contiene las mismas enseñanzas. Habla del temor de la

Iglesia de que el regreso de Cristo ya se hubiera producido. El escritor asegura a la Iglesia que Cristo aún no ha regresado y menciona señales a las que hay que estar atentos para identificar la segunda venida. El autor escribe sobre una gran caída de la fe que ocurrirá e introduce el concepto del anticristo o, como dice en la carta, «hombre de pecado» e «hijo de perdición». La gente discute si esto se refiere a un sistema o a un individuo. *2 Tesalonicenses* se ocupa mucho de los signos del final de los tiempos.

Colosenses es la última de las epístolas deuteropaulinas que no pertenece a la categoría pastoral. Se centra en la suficiencia de Jesús para la redención y la salvación. Algunos creen que Pablo escribió esta carta desde la cárcel, pero el consenso de los eruditos afirma que probablemente fue uno de los seguidores de Pablo quien la compuso después de su muerte. La Iglesia de Colosas sufría una plaga de falsas enseñanzas, como el legalismo judío y el misticismo. Por ello, la carta subraya que la muerte, resurrección y ascensión de Cristo son el centro de la fe y que cualquier otra cosa que se añada es innecesaria. El autor anima a los colosenses a confiar en su fe en Cristo en lugar de intentar ganarse la salvación por otros medios.

Epístolas pastorales

Las epístolas pastorales se dirigen a los líderes de la Iglesia primitiva. Se ocupan principalmente de las estructuras, la organización y la sana doctrina. Estas cartas instruyen sobre cómo debe funcionar una iglesia, su funcionamiento y lo que se espera de sus miembros y dirigentes. Las epístolas pastorales incluyen la primera y segunda de *Timoteo* y *Tito*. Estos libros forman parte de la tradición deuteropaulina porque utilizan al apóstol como seudónimo. Sin embargo, muchos eruditos modernos han determinado que los libros fueron escritos por seguidores de Pablo y no por él mismo. Si se tiene en cuenta cómo vivían comunitariamente los miembros de la Iglesia primitiva, es casi como si las epístolas pastorales fueran documentos de gobierno más que textos de autor.

Según los versículos iniciales de *1 Timoteo*, fue escrita por Pablo a Timoteo mientras se encontraba en Macedonia. Sin embargo, hay indicios en el texto de que fue elaborada posteriormente. Por ejemplo, la estructura lingüística de la carta se ajusta más a la escritura del siglo II que a la época de la que pretende ser, por lo que es probable que fuera escrita bajo seudónimo. La obra tiene algunos elementos gnósticos y pone mucho énfasis en las partes ascéticas de la fe. Menciona diferentes cargos en la Iglesia, como obispo, diácono y anciano. Habla de las viudas y de cómo deben recibir ayuda económica de los feligreses, subrayando de nuevo una actitud colectivista entre los fieles. Una parte más controvertida de la carta afirma que las mujeres deben permanecer en silencio en la iglesia, lo que ha provocado un debate moderno sobre si las mujeres deben asumir cargos.

2 Timoteo reitera las ideas expuestas en la primera epístola. Una vez más, se anima al líder a mantenerse firme en las verdaderas enseñanzas de Cristo, evitando todo lo inmoral. Los falsos maestros que rechazan a Cristo son comparados con los individuos que fabricaron el becerro de oro en tiempos de Moisés. La carta destaca cómo murieron estos adoradores de ídolos y afirma que quienes rechazan a Cristo correrán una suerte similar. Aunque la carta está escrita bajo seudónimo, se presenta como las últimas palabras de Pablo, que era consciente de que pronto moriría en la prisión romana. En lugar de expresar preocupación por su situación, se centra en la Iglesia, reforzando la actitud desinteresada y colectivista que deben adoptar los creyentes.

La epístola a Tito está escrita como si fueran las palabras de Pablo, pero los eruditos modernos rechazan la idea, afirmando que se trata de una obra producida después de su muerte. Sin embargo, están presentes las mismas ideas de las cartas indiscutibles. En esta carta, el autor se dirige a Tito, uno de los compañeros de Pablo en Creta. El escritor hace hincapié en que, aunque los cristianos viven en una cultura sin Dios, pueden resistir las tentaciones y dificultades si se reforman creyendo en Cristo. A Tito se le encomienda la tarea de eliminar a los falsos maestros y sustituirlos por personas piadosas que dirijan a la Iglesia en la dirección correcta.

Sermón anónimo

Aunque algunos atribuyen la carta de *Hebreos* a Pablo, el texto no menciona explícitamente al autor. El consenso de los eruditos es que no pertenece a Pablo, sino a otro autor desconocido, por lo que se considera un sermón anónimo. Una teoría es que se trata de un sermón predicado por Pablo, que posteriormente fue recogido en este texto. El mensaje principal de la carta es que los seguidores judíos de Cristo se aferren a la nueva alianza bajo el Mesías en lugar de volver a las costumbres del *Antiguo Testamento*.

Actividad 1

Forme grupos de tres o cuatro personas. Asigne una epístola a cada grupo. Discutan el mensaje principal de la epístola elegida y presenten la información mediante un juego de rol poniéndose en el lugar de la comunidad eclesial que recibe la carta.

Epístolas católicas o generales

La mayoría de las cartas del *Nuevo Testamento* fueron escritas por Pablo, o al menos se le atribuyen nominalmente al apóstol. Las epístolas generales son cartas escritas por otros líderes eclesiásticos de la época. Las epístolas generales o católicas no suelen ir dirigidas a una persona o grupo concreto, sino que se distribuyen en toda la Iglesia. Las cartas hablan de la ortodoxia de cómo debe funcionar una iglesia y los principios o estructuras que debe adoptar el cuerpo de Cristo. Reflejan muchos mensajes similares a los de las epístolas paulinas, lo que demuestra que desde muy pronto había un entendimiento común de la fe.

Epístola de Santiago

La carta de Santiago se escribió poco antes del concilio de los líderes de la Iglesia celebrado en Jerusalén en el año 49 d. C., en el que se determinó que el *Evangelio* debía extenderse a las naciones gentiles. Esta carta se asemeja a la literatura sapiencial del *Antiguo Testamento*, que se centra en los aspectos más prácticos de la vida cristiana. Esta conexión con el *Antiguo Testamento* tiene sentido porque gran parte del público de Santiago era judío. El mensaje principal de la carta es que la fe debe impregnar toda la vida de los creyentes.

Primera y segunda epístola de Pedro

Pedro fue uno de los apóstoles más importantes porque Cristo le encargó personalmente que fuera la roca sobre la que se construyera la Iglesia. Pedro es considerado el primer papa en la tradición católica romana. Las epístolas de Pedro se escribieron probablemente después de la muerte de Pablo. Las cartas de Pedro promueven la idea de que los cristianos dispersos por el mundo son el pueblo elegido de Dios, reforzando el concepto de que el cristianismo no es una fe nacionalista, como otras religiones anteriores. Pedro animó a los cristianos a mantenerse firmes en sus luchas, vivir vidas virtuosas y evitar a los falsos maestros.

Primera, segunda y tercera epístola de Juan

Las epístolas de Juan fueron escritas entre el 85 d. C. y el 100 d. C., por lo que condujeron a la Iglesia hasta el siglo II. Como en esta época se estaban formando muchos cultos cristianos con creencias contradictorias, Juan se preocupó por establecer la ortodoxia entre la Iglesia católica. Juan condenó a los maestros que negaban la resurrección corporal de Cristo y rechazó a los que, como Diótrefes, negaban la autoridad apostólica. Juan estableció un orden piadoso que la iglesia debía seguir para la unidad de creencias y estructura.

Epístola de Judas

Judas, que era un líder de la iglesia en Jerusalén, era probablemente medio hermano del Mesías. La carta no se centra en una región específica, sino que se dirige a todos los creyentes. Esta carta fue escrita entre el 65 d. C. y el 80 d. C. El propósito principal de Judas era advertir a los cristianos sobre los falsos maestros que penetraban en la iglesia para promover doctrinas perversas. Al igual que las otras epístolas, Judas anima a los creyentes a perseverar mientras se abstienen de los falsos maestros que exhiben comportamientos impíos, como perseguir estatus, quejarse constantemente y seguir sus deseos en lugar de las instrucciones de Dios.

Epístolas no canónicas y perdidas

Algunas cartas escritas por apóstoles a la iglesia se perdieron. Pablo hace referencia a cartas anteriores en *Corintios*, pero estas epístolas no se han encontrado y no forman parte del canon bíblico. Hay otras cartas que datan aproximadamente de la misma época que muchas de las obras de la *Biblia*, pero no entraron en el canon por diversas razones. La práctica de escribir cartas anónimas y correcciones a la Iglesia no terminó con los primeros apóstoles. Los padres de la Iglesia de los siglos I y II escribieron muchas cartas a diversas iglesias, que ayudaron a configurar la visión actual del cristianismo y a definir algunas de las doctrinas fundamentales de la fe.

Actividad 2

Utilizando el estilo y el tono de las epístolas del *Nuevo Testamento*, escriba una carta a una comunidad eclesial moderna en la que aborde algunos de los temas tratados en estas cartas.

_____

_____

_____

_____

_____

_____

_____

_____

_____

_____

_____

Actividad 3

Elabore un cuadro para comparar y contrastar las enseñanzas de cada apóstol sobre la fe, el liderazgo y el perdón. Observe las similitudes y diferencias para desvelar los distintos enfoques de cada apóstol.

APÓSTOL	SIMILITUDES	DIFERENCIAS

Capítulo 9: Comprender el *Apocalipsis*

El libro del *Apocalipsis* es la escritura más simbólica y esotérica de la *Biblia*. Aunque las profecías del *Antiguo Testamento* de Isaías y Ezequiel utilizan el mismo lenguaje codificado, el misterio del *Apocalipsis* captó el interés y la imaginación de muchos en todo el mundo. Los seres humanos de diversas culturas a lo largo de los tiempos siempre han estado obsesionados con el fin del mundo. Se han creado muchos mitos e historias sobre cómo se producirá finalmente la destrucción de la creación. El libro del *Apocalipsis* se alinea con la antigua intriga de la humanidad por su propio fin. Teniendo en cuenta la persecución a la que se enfrentó la Iglesia primitiva y la opresión de los israelitas bajo el dominio romano, es fácil entender por qué muchos en esta época querían conocer los signos del fin. El *Apocalipsis* describe literal y simbólicamente lo que sucederá en los últimos días, lo que los creyentes pueden esperar y para lo que deben prepararse.

El libro del *Apocalipsis* se alinea con la antigua intriga de la humanidad por su propio fin[88]

Historia y estructura literaria del Apocalipsis

El *Apocalipsis* fue escrito después de la destrucción de Jerusalén por los romanos en el año 70 d. C. Por lo tanto, la comunidad judía y el cristianismo, esencialmente una secta apocalíptica del judaísmo, se convirtieron en una preocupación real. Fue escrito entre los años 90 y 100 d. C. La mayoría de los eruditos lo sitúan en torno al año 96 d. C. El libro fue escrito por Juan el Viejo, conocido como *Juan de Patmos*, porque fue allí donde tuvo la visión. No hay ninguna indicación en los textos de que este Juan sea la misma persona que el apóstol Juan. Es probable que fueran dos personas diferentes debido al marco temporal. Además, Juan era un nombre común.

Es difícil entender el significado del *Apocalipsis* porque la gente moderna está muy alejada del contexto cultural en el que fue escrito. Juan escribía a un público específico de creyentes que probablemente eran capaces de entender y descifrar los símbolos del libro mucho mejor que la gente hoy en día. Muchos leen el *Apocalipsis* juntando las profecías del pasado para crear una imagen más amplia. Sin embargo, este ejercicio es muy especulativo. Es mejor estudiar el texto como una unidad autónoma para obtener la imagen más clara de sus significados.

El *Apocalipsis* se dirige a siete iglesias de la región de Asia Menor controlada por los romanos, lo que hoy se conoce como Turquía. Juan tuvo visiones en la isla de Patmos, frente a la costa de Turquía. Es probable que el escritor fuera exiliado a la isla por su labor de difusión del mensaje del *Evangelio*, que el Imperio romano habría considerado perturbadora. El texto está escrito en griego, lengua muy hablada en la comunidad cristiana.

La Iglesia atravesaba un período difícil, que Juan destaca en los primeros capítulos del libro. Los cristianos de Esmirna y Filadelfia eran rechazados socialmente y ampliamente denunciados, lo que los ponía en peligro de muerte o prisión. Las comunidades eclesiásticas de Éfeso, Tiatira y Pérgamo tuvieron problemas para integrarse y asimilarse a las culturas paganas que las rodeaban. Por ejemplo, tuvieron que cuestionar la moralidad de comer alimentos sacrificados a los ídolos. Las últimas iglesias a las que se dirigió Juan fueron las de Sardis y Laodicea. Estas congregaciones eran prósperas y florecientes. Sin embargo, el autor se refirió a ellas como muertas espiritualmente. Su fe había disminuido, por lo que el autor intentó revitalizar su celo por el Señor.

Los cristianos del Imperio romano se enfrentaban a las fuerzas imperiales porque no podían ajustarse a las exigencias del Imperio. En el mundo romano se permitía practicar la religión que cada uno eligiera. Sin embargo, como Roma era una cultura de unidad, debían participar en las prácticas más amplias del Imperio. El emperador era adorado como un dios en la Tierra y había muchos templos dedicados a él. Aunque el público podía adorar a los dioses de su elección, tenía que participar en los rituales religiosos del Imperio para crear una identidad unificada. A los cristianos no se les permitía porque veían a Cristo como el verdadero rey y seguían la prescripción del *Antiguo Testamento* de no adorar a ningún otro dios que no fuera YHWH, la misma razón por la que el pueblo judío chocó con el Imperio. Judíos y cristianos se negaron a inclinarse ante el emperador como Dios. Por lo tanto, se produjeron muchos conflictos y persecuciones debido a este principio de la religión.

Para muchos en el mundo cristiano y judío, esto se pareció el fin, como si el juicio de Dios cayera sobre ellos. Por lo tanto, aunque el simbolismo del *Apocalipsis* puede parecer aterrador y violento, el libro encierra un mensaje de esperanza, en consonancia con la tradición bíblica de animar a la gente en tiempos difíciles. En el texto se hace eco de la tradición iniciada en el *Antiguo Testamento* de mantener la fe confiando en la soberanía de Dios.

El *Apocalipsis* se escribió cuando muchos cristianos eran asesinados por sus creencias y prácticas. Circulaban rumores y se extendía la propaganda de que los cristianos eran malvados rebeldes que buscaban derrocar al Imperio. Por ello, Juan enfatiza en el martirio en el texto, no para empujar a los creyentes a morir por su fe, sino para animarlos a perseverar a pesar de la persecución política.

El *Apocalipsis* vincula de forma tangible la espiritualidad, la profecía, la religión y la política mediante el uso de un lenguaje simbólico. Es más fácil captar una narración que seguir una lista de instrucciones anodinas. Aunque la estructura de la historia del *Apocalipsis* no es lineal, es lo suficientemente cautivadora como para mantener la atención. Los poderosos símbolos utilizados para describir el mundo y el futuro del cristianismo son la razón por la que el *Apocalipsis* es uno de los textos más estudiados del canon bíblico. Las *Escrituras* se compusieron para que la gente de la época siguiera adelante y mirara hacia el futuro, pero el mensaje resuena en muchas personas de hoy que esperan que muchas de las profecías se cumplan y ven los escritos como un reflejo del mundo moderno.

Actividad 1

Elabore una cronología de las visiones proféticas del *Apocalipsis*. Investigue y especule sobre lo que pueden significar estas visiones del final de los tiempos y si estos signos están presentes en la actualidad.

_____

_____

_____

_____

_____

_____

Simbología e interpretaciones

Los símbolos del *Apocalipsis* atraen la atención de muchos. El texto hace un trabajo asombroso al crear un mundo codificado y simbólico, desde aterradores líderes espirituales y políticos hasta monstruos y personificaciones femeninas. Algunos especulan que el lenguaje codificado tenía por objeto que los cristianos lo entendieran, ocultando al mismo tiempo su verdadero significado a las fuerzas romanas que intentarían detener su difusión. Existen controversias en torno a cómo debe interpretarse el *Apocalipsis* debido a su escritura profunda y esotérica. Algunos asumen que el libro puede entenderse como una descripción del mundo romano de entonces. Según esta interpretación del texto, las profecías se refieren a acontecimientos que Juan creía que ocurrirían durante su vida. Otros interpretan el *Apocalipsis* como la narración de sucesos que ocurrirán en un futuro lejano.

El *Apocalipsis* no está escrito con una estructura lógica. El texto es como un sueño, salta ilógicamente de una visión a la siguiente de forma no lineal. Las imágenes surrealistas son cautivadoras, pero resulta difícil seguirlas en forma de relato. Por ello, es necesario unir las explicaciones del *Apocalipsis* y situarlas en el contexto histórico. De este modo se puede descifrar la simbología del texto.

Una exploración interesante del significado del *Apocalipsis* es el uso que hace de los números para comunicar diversos mensajes. Por ejemplo, el texto menciona siete iglesias. Bíblicamente, el número siete representa la santidad y la plenitud. Por lo tanto, aunque el escrito puede haber sido dirigido a siete iglesias, puede indicar simbólicamente que Juan pretendía que fuera para todo el cuerpo de Cristo. El siete se repite, como en los siete espíritus que ardían ante el trono de Dios y los siete ojos del cordero que representan a Cristo. Por lo tanto, el *Apocalipsis* se posiciona como una representación completa de la profecía con múltiples usos del siete en el texto.

Otro número que se repite es el doce, que representa a los seguidores de Dios. Los doce discípulos y las doce tribus de Israel son elegidos por el Señor. El número se repite en el texto, con 144000 representando al pueblo de Dios que entrará por las doce puertas de la Nueva Jerusalén. Cuando se divide 144000 por doce, es igual a 12000, que es una repetición del número que enfatiza el mensaje de que estamos bajo el dominio de Dios. El número 666 en *Apocalipsis* es descrito como el número de la bestia que engañará al mundo. Algunos creen que no es el número de los anticristos profetizados en el futuro, sino que representa a Nerón, el emperador de la época.

Es difícil trazar una línea temporal del *Apocalipsis*, por lo que muchos teólogos y eruditos desarrollan narrativas contradictorias. La fluidez del tiempo en las visiones oníricas de Juan, casi de pesadilla, crea una sensación difusa, que hace difícil captar un hilo conductor. El texto da saltos confusos, lo que indica que Juan escribía lo que veía en lugar de crear una estructura narrativa sólida.

El *Apocalipsis* utiliza animales y monstruos como símbolos. Se compara a Cristo con un cordero por su sacrificio y la blancura de la lana representa la pureza. Satanás y el sistema malvado son representados como bestias devoradoras que vienen a aterrorizar y destruir. El clímax de esta imaginería es Cristo pasando del vulnerable sacrificio del cordero a alguien que destruirá los poderes malvados del mundo. Describe una espada afilada que sale de la boca del Mesías para destruir a las naciones. Esto probablemente indica que se harán decretos políticos para liberar a los cristianos antes de establecer el Reino de Dios en la Tierra.

La controvertida referencia a la «sinagoga de Satanás» en el *Apocalipsis* se ha utilizado a lo largo de la historia para perseguir al pueblo judío alimentando tópicos antisemitas. Sin embargo, el autor no pretendía demonizar a la comunidad judía, porque muchos cristianos eran judíos conversos. Probablemente lo hizo para poner de relieve la colaboración de los dirigentes judíos con las autoridades romanas, porque el incipiente movimiento cristiano suponía un desafío a su poder y ponía en peligro a algunos de los que estaban bajo su dominio al atraer la atención romana.

El *Apocalipsis*, con toda su profunda simbología, es una compleja comparación entre los poderes del mundo y un manual sobre cómo deben comportarse los creyentes. La persecución que sufrían los cristianos en esa época podía desanimarlos fácilmente, por lo que el *Apocalipsis* les ofrece la esperanza de un futuro mejor y justicia para quienes los mataban y oprimían. La comparación se plasma mejor en el contraste de la puta de Babilonia, que representa los poderes malignos, y las hijas de Jerusalén o la esposa de Cristo, que representan a los creyentes. El contraste entre una novia fiel y una ramera blasfema y adúltera representa vívidamente cuán lejos está la conducta cristiana de la maldad de las naciones que los oprimen.

Actividad 2

Interprete los siguientes símbolos del *Apocalipsis*:

- La ramera de Babilonia.
- La bestia del mar.
- La bestia de la tierra.
- Imagen de la bestia.
- 666.
- Esposa de Cristo.
- Siete sellos.
- Siete trompetas.

La interpretación cristiana primitiva del libro

Teniendo en cuenta lo que ocurrió, no es de extrañar que un devoto de las *Escrituras* escribiera un texto apocalíptico. Poco antes de que se escribiera el *Apocalipsis*, el Vesubio había entrado en erupción, Jerusalén había caído y las autoridades romanas perseguían a los cristianos. El fin del mundo parecía estar muy cerca para los antiguos creyentes. La literatura apocalíptica no es ajena a la conciencia bíblica porque Israel había establecido una larga tradición de escritos proféticos en el *Antiguo Testamento* y las epístolas. Por lo tanto, los escritos de Juan no habrían sido vistos como extraños, sino que ofrecían un salvavidas a los creyentes en tiempos inciertos.

Aunque el *Apocalipsis* hablaba de la derrota de las fuerzas del mal, nunca fueron los cristianos los agresores. Juan estableció una comparación entre la violencia y agresividad del comportamiento mundano y la paz que encarnan los cristianos. La instrucción a los cristianos no era rebelarse ni hacer la guerra, sino perseverar y creer en Dios, confiando en que Él aligerará la carga. Era un mensaje lógico para la Iglesia primitiva. El cristianismo aún estaba creciendo y distaba mucho de ser una gran potencia en el mundo. La fuerza militar del Imperio romano era inigualable, por lo que animar a los cristianos a luchar habría sido una sentencia de muerte. Los romanos eran quirúrgicos a la hora de detener rebeliones en todo el Imperio. Sin embargo, correr y esconderse sin proclamar la verdad iba en contra de las enseñanzas de la fe. Por lo tanto, el *Apocalipsis* era un recordatorio para ser audaces y un estímulo.

Era desalentador haber soportado el dolor por el que pasaron los primeros cristianos. Las visiones de Juan ponen de relieve la soberanía de Dios para que los creyentes puedan confiar en que se hará justicia. El *Apocalipsis* habla de plagas que caerán sobre las naciones, explotando y matando a los cristianos. Tradicionalmente, las plagas en la *Biblia* facilitan el arrepentimiento de las naciones malvadas. Las naciones no se arrepentían de sus pecados, por lo que el *Apocalipsis* explicaba cómo serían destruidas.

Como la Iglesia primitiva tenía pocos medios para defenderse, tuvo que aceptar las injusticias que se le imponían a diario. Escuchar el mensaje de que algún día llegaría la justicia era la esperanza que necesitaban para vivir bajo el sistema opresivo sin abandonar su fe. El *Apocalipsis* se escribió en tiempos de guerra, cuando cayó Jerusalén y el

Imperio romano estaba en plena expansión. Teniendo en cuenta su inmenso poder, criticar al Imperio no era una opción inteligente para nadie. Juan tuvo que velar sus críticas políticas para no enfrentarse a la fuerza del Imperio si alguien lo encontraba enseñando o leyendo el texto. Otra forma de leer el *Apocalipsis* es como un conjunto de profecías para un futuro lejano. Sin embargo, los primeros cristianos probablemente lo entendían como una crítica al gobierno y a las autoridades, al tiempo que mantenían la esperanza de que el malvado sistema recibiría su merecido algún día.

El cristianismo es una fe evangélica o misionera, lo que significa que sus doctrinas animan a la gente a difundir el mensaje. El martirio era común en el cristianismo primitivo porque la gente predicaba abiertamente una religión condenada por las autoridades. Además, destacaban a un rey celestial por encima del emperador, que debía ser visto como un Dios por los ciudadanos del Imperio. Por lo tanto, la literatura apocalíptica dio a los primeros cristianos razones para seguir aferrándose a su fe a pesar de las claras consecuencias negativas que eran una realidad en su vida cotidiana.

Temas del libro profético del *Apocalipsis*

El primer tema del texto es la corrupción, la opulencia, la codicia, la inmoralidad y la maldad de la clase dirigente. La personificación de estos vicios y actitudes que utiliza el *Apocalipsis* es la ramera de Babilonia. Babilonia era el entorno perfecto para dirigirse a un público judío o a cualquier persona familiarizada con las *Escrituras*. La maldad y la idolatría de Babilonia eran bien conocidas entre el público de los cristianos del primer siglo porque formaban una parte importante de la narrativa israelita en relación con su juicio y redención a través del cautiverio babilónico. La imagen de una prostituta comunica imprudencia y profunda inmoralidad. Enlaza con la simbología del *Antiguo Testamento*, donde se describía a Israel como adúltero cuando se apartaba de los caminos de Dios.

La lengua es un punto temático central del *Apocalipsis*. La imagen de Jesús regresando con la lengua como una espada para destruir a las naciones malvadas pone de relieve el poder de la palabra. Juan subraya la importancia de difundir el mensaje del *Evangelio* hablando de él. Entendía que las ideas se propagan a través de la palabra, y en la situación de indigencia en la que se encontraban muchos cristianos, el único poder que podían utilizar eran sus palabras. Destaca cómo el reino de Satanás utiliza el poder de la palabra para difundir su propaganda y sus blasfemias.

Otro tema central del *Apocalipsis* es la visión antimaterialista del cristianismo. Describiendo la visión que recibió, Juan enfatizó que la fe debilitada de la iglesia de Laodicea estaba ligada a la riqueza que obtenían a través de la explotación, lo que les hacía aceptar más las costumbres paganas. Reiteró el mensaje antimaterialista estableciendo paralelismos con Babilonia y el sistema romano obsesionado con el lujo. Juan se dio cuenta de que la riqueza excesiva alejaba a la gente de Dios. Por ello, el Apocalipsis anima a los cristianos a adquirir riqueza espiritual en lugar de sobrevalorar las riquezas mundanas.

El *Apocalipsis* muestra la diferencia entre los mensajeros de Satanás, que conducen a la muerte y engañan a las masas, y los fieles seguidores o testigos de Cristo, que enseñan la verdad para heredar la vida abundante. Por lo tanto, como muchas de las epístolas y *Evangelios* enfatizan, ser consciente de los falsos maestros y doctrinas que suenan agradables al oído era esencial. Los cristianos deben estar arraigados en su fe en Cristo para evitar la influencia del diablo.

El *Apocalipsis* afirma que todos adoran algo. El culto del *Apocalipsis* señala a los creyentes a Dios y a Cristo, que entregó su vida por la redención de los pecadores. La otra opción de adoración que propone Juan es a la bestia o al dragón, que representan el sistema romano o mundano. Sin embargo, la adoración de este último llevaría a la destrucción, porque el engaño es todo lo que tienen para ofrecer.

En el mismo sentido que la adoración, el *Apocalipsis* utiliza a menudo la simbología de un trono para mostrar a los lectores a qué se están sometiendo. El trono de las autoridades malignas se erigió para oprimir a la gente, por lo que los cristianos deben adorar al verdadero rey, Jesucristo, que les ayudará a prosperar y traerá la liberación. El mensaje de esperanza del *Apocalipsis* se centra en que Dios está por encima de los poderes del mundo que oprimían a los primeros cristianos. Por lo tanto, a pesar de la tentación de los cristianos de negar su fe, el libro les anima a confiar en aquel que tiene el verdadero poder, incluso por encima de los emperadores romanos.

Actividad 3

Elija un pasaje del *Apocalipsis* y exprese artísticamente la simbología y su significado. Puede ser un dibujo, un poema, una canción u otra expresión artística.

_____

_____

_____

_____

_____

_____

_____

_____

_____

Capítulo 10: Aplicación de los principios bíblicos: lecciones para la vida moderna

Ahora que estudió todos los aspectos de las *Escrituras*, incluida la Ley de Moisés, la literatura sapiencial, los escritos proféticos, los *Evangelios* y las epístolas, está preparado para considerar en profundidad cómo aplicar la Biblia a su vida. Las *Escrituras* no están pensadas simplemente para ser estudiadas. Del análisis erudito del texto solo surge un nivel de comprensión. Debe aplicar los principios en un contexto moderno para descubrir la capa más profunda.

El texto bíblico contiene sabiduría y principios atemporales que pueden mejorar su vida de múltiples maneras[34]

No es fácil ver cómo un libro antiguo es relevante en un contexto contemporáneo. Sin embargo, el texto bíblico contiene sabiduría y principios atemporales que pueden mejorar su vida de múltiples maneras. Además, la *Biblia* puede sacarlo del contexto material para revelarle profundas verdades espirituales que trascienden la materia y el tiempo. Para acceder a esta realidad espiritual, debe comprender la historia de las *Escrituras* en su vida moderna y revelar las verdades eternas.

La *Biblia* es mucho más que un libro para creyentes. Es el texto que conecta con un Dios amoroso y un Salvador que se sacrificó por el perdón de sus pecados. Debe recorrer los principios de la *Biblia* para comprender el carácter de Dios y el papel que desempeña en su vida; entonces, entenderá por qué fue necesario ese sacrificio y todo el poder que hay detrás de él. Esta sección de la guía de trabajo se centra en la aplicación de la *Biblia* para acercarse a Dios y captar los misterios espirituales más profundos que encierra el texto. De este modo, la *Biblia* no es un libro frío y estéril, sino que se transforma en una escritura viva que desata abundancia de amor, paz y perdón en su existencia cotidiana.

Principios y temas bíblicos clave

Aunque la *Biblia* fue escrita por muchos autores a lo largo de los siglos, el milagro de los 66 libros es que presenta una narrativa coherente. La relación de Dios con la humanidad no es la de un tirano agresivo que oprime a las masas, sino la de un padre amoroso que guía a sus hijos a través de su rebelión, desobediencia y confusión. *Hebreos* 12:6 dice: «El Señor disciplina al que ama, y castiga a todo el que acepta como hijo». Este versículo resume por qué el Señor permitió que muchas dificultades cayeran sobre su pueblo. Un padre amoroso no disciplina a su hijo para hacerle daño, sino para que aprenda una lección, aunque no lo entienda.

La sabiduría de Dios está más allá de los caminos de la humanidad. Es posible que las personas nunca comprendan del todo las motivaciones y el funcionamiento del Señor en esta vida o en la próxima. Sin embargo, el viaje espiritual aumenta su confianza en que está completo en las manos de Dios. La pulsión humana por controlarlo todo está profundamente arraigada en la psique colectiva. Es comprensible que sentirse en control genere seguridad y protección. La práctica espiritual consiste en soltar la parte de sí mismo que quiere aferrarse a lo que es imposible agarrar y relajarse con la seguridad de que Dios sabe lo que es mejor.

La revelación de Cristo es darse cuenta de que no puede hacer nada solo con sus fuerzas. Someterse a la voluntad de Dios significa seguir los principios bíblicos que Él reveló y comprender que el amor de Dios y la fe en Él conducen a la prosperidad abundante. Poner su vida en las manos de Dios no significa sentarse y no hacer nada, sino todo lo contrario, porque significa que toma todas sus decisiones considerando lo que Dios quiere que haga. Cuando falle en alinearse con los principios de Dios y tropiece, se debe comprometer a volver al Señor continuamente, viviendo una vida de arrepentimiento y demostrando su fe en Cristo a través de su trabajo.

Amor

La *Biblia* dice que Dios es amor. Esta es una afirmación profunda, porque va más allá de decir que Dios tiene o posee amor. Describe el amor como la esencia del Señor. Si Dios es amor, entonces sus acciones e interacciones con la humanidad deben verse a través de esta lente. A través de la narración bíblica de las *Escrituras*, Dios demuestra que Su amor es desinteresado e inquebrantable. Cuando los discípulos preguntan a Jesús cuál es el mayor de todos los mandamientos, el Mesías respondió en *Marcos* 12:30-31: «Ama al Señor tu Dios con todo tu corazón, con toda tu alma, con toda tu mente y con todas tus fuerzas. El segundo es este: Ama a tu prójimo como a ti mismo. No hay mandamiento más grande que estos». Esto demuestra que el amor es el componente central de la fe. Así como Dios ama incondicionalmente, la humanidad creada a su imagen debe mostrar el mismo amor a los demás.

El corazón de la humanidad se ha vuelto perverso, es decir, está lleno de odio. De ahí que sea tan fácil envidiar, hablar mal y abrazar el egoísmo. Sin embargo, a través de la sumisión a Cristo, su corazón de piedra se convierte en un corazón de carne. Cuanto más se oriente a amar a Dios, más brilla su amor por el prójimo y los enemigos. La clave de la autorrealización es amar desinteresadamente, como lo hizo el Mesías cuando murió en la cruz por nuestros pecados. En medio de la tortura, Jesús imploró la misericordia de Dios para los perpetradores porque, en su divinidad, comprendía que las acciones eran malintencionadas. Esta es la norma de amor que debe perseguir un creyente: que incluso quienes planean hacerle daño no reciban de usted más que amor.

Este amor inquebrantable es difícil de conseguir. Por eso, la transformación espiritual requiere un esfuerzo constante. Una buena manera de entenderlo es que si da un paso hacia Dios, Él dará tres hacia usted. Cuando practica el amor consistentemente a través de sus palabras, pensamientos y acciones, Dios multiplica ese espíritu en usted. En cambio, si consciente y continuamente cae en el egoísmo, Dios multiplica el mismo espíritu en usted. La belleza del Señor es que sus brazos siempre están abiertos y usted puede acudir a Él sin importar cuán profundo haya caído.

Perdón y misericordia

Los seres humanos no son perfectos. Desde la caída de Adán y Eva del Jardín del Edén, la humanidad se ha inclinado hacia una naturaleza perversa. La relación de Dios con los israelitas en el *Antiguo Testamento* muestra que, aunque un castigo justo debe tener lugar, en su infinita misericordia, Él siempre tuvo un plan para que su pueblo fuera redimido y volviera a Él. Esta naturaleza misericordiosa y de perdón culmina en la encarnación, muerte y resurrección de Cristo.

La metáfora de un matrimonio describe la relación de Dios con la humanidad. La Iglesia es llamada la esposa de Cristo (*Efesios* 5:22-23). En el *Antiguo Testamento* se utilizó un simbolismo similar para los israelitas. Dios subraya cómo su pueblo es como una novia adúltera, porque abraza la maldad y la idolatría. Sin embargo, Dios es fiel, por lo que siempre crea un plan para la redención. Al sacrificar a su hijo, según la interpretación cristiana, Dios paga el precio final para que la humanidad encuentre un camino de regreso a Él, razón por la cual la *Biblia* afirma que nadie llega al Padre si no es a través de Cristo.

Como imagen de Dios, la humanidad debe reflejar su naturaleza perdonadora. El Padre Nuestro dice que Él debe perdonarnos como nosotros perdonamos a los que nos ofenden. Por lo tanto, Dios espera que la humanidad muestre misericordia hacia los demás. Cristo enseñó esta lección cuando la gente quiso apedrear a la mujer adúltera de acuerdo con la Ley mosaica, pero Jesús dijo que solo quien estuviera libre de pecado debía lanzar la primera piedra (*Juan* 8 7-11). Otra analogía que utiliza Cristo es que debe preferir sacar la paja del ojo propio que el de su hermano. En esencia, la Biblia enseña que debe reconocer sus imperfecciones y que necesita perdón para perdonar libremente a los demás.

Justicia

Dios es misericordioso, pero también es justo. Por lo tanto, todo pecado que se cometa contra Él debe ser castigado. La crucifixión puede entenderse como un equilibrio entre la misericordia y la justicia de Dios. Imagine que está ante Dios en un juicio. El fiscal lee en voz alta todos sus pecados y anuncia su sentencia. Dios, como el juez, dice: aunque es culpable, alguien ya ha pagado su fianza, así que es libre de irse. La muerte de Cristo representa el pago de la deuda del pecado.

Encarnar la justicia bíblica en su vida significa que no debe centrarse en la venganza cuando alguien le hace daño, sino andar el camino del perdón y la misericordia. Si se pesa en la balanza de la justicia y rastrea a cuántas personas ha agraviado y cuántas veces ha pecado contra Dios, la misericordia que Él le mostrará al permitirle respirar no tiene parangón. Por mucho que Dios castigara a las naciones, incluida Israel, en las *Escrituras* siempre había una oportunidad para la redención.

La *Biblia* dice que la ira del Señor es lenta, así que cuando su iracunda justicia finalmente aparece, había pasado mucho tiempo y oportunidades para que la gente ajustara sus acciones. Del mismo modo, si refleja el espíritu de Dios, su ira no debe ser temeraria e incontrolada. Las emociones son humanas y puede perder los estribos. Sin embargo, como creyente fiel, no puede permitir que sus emociones lo controlen y siempre debe esforzarse por alinear su conducta con la naturaleza paciente del Señor.

La fidelidad y la soberanía de Dios

Quizás usted ha logrado cosas grandes en su vida. Mira sus logros y cree que su duro trabajo lo ha llevado hasta allí. Sin embargo, en cualquier momento, todo puede desaparecer de muchas maneras que están fuera de su control. La fe se trata de entender que todo en la vida está en manos de Dios. Aumentar su fe significa confiar en el Señor.

En la cosmovisión cristiana, no son sus obras las que lo salvan, sino su fe en Cristo, porque solo la fe en un Dios soberano lo pone a Él en el centro. Dios tiene planes para que prospere, así que las dificultades que experimenta son para su beneficio en esta vida o en la eternidad. Por lo tanto, su confianza en el Señor debe permanecer sólida. La fe en Cristo es lo que lo justifica ante Dios. Sus obras no son justas por el esfuerzo que haga, sino porque su fe lo impulsa para transformar su corazón.

Fe significa confiar totalmente en Dios. Cuando los israelitas estaban en el desierto, en un punto querían volver a Egipto porque al menos sabían lo que les esperaba en el cautiverio. Sin embargo, no se daban cuenta de que creer en lo invisible y confiar en Dios, que proveía constantemente, era mucho mejor, porque delante estaba la Tierra Prometida. Que algo no esté delante de sus ojos no significa que no sea real. Confiar en el Señor, incluso en la adversidad, es una enseñanza central de la *Biblia*. Puede aplicarla en su vida cuando se encuentre entre la espada y la pared y no tenga más remedio que recurrir al Creador. A veces, el Señor pone a la gente en situaciones incómodas para que lo busquen a Él.

Cómo encajan estos principios en el mundo moderno

El amor desinteresado que alienta la *Biblia* es más necesario ahora que nunca. Todas las doctrinas del mundo predican el amor propio, el autodesarrollo y la autoimagen, lo que significa que el egoísmo es un valor fundamental de la sociedad. Las redes sociales aumentan este fenómeno, ya que la gente constantemente promueve sus ideas, compite por la atención, y trata de eclipsar a los demás. El amor de Cristo es desinteresado. El *Nuevo Testamento* le enseña que debe amar a su hermano más que a usted mismo. Esto es casi inimaginable en el mundo moderno, que considera que el amor sin límites es *autodestructivo*.

Aplicar los principios de la *Biblia* en la era contemporánea significa atender primero a Dios[35]

Aplicar los principios de la *Biblia* en la era contemporánea significa atender primero a Dios y dejar que su amor llene todo. Cuando pone a Dios como el punto de foco, su voluntad disminuye y Dios toma el control. El mundo predica que debemos encontrarnos a nosotros mismos, mientras la *Biblia* predica que debemos negarnos. Cuando se somete plenamente a Dios, su percepción se transforma radicalmente. En lugar de preguntarse cómo lo afectan sus acciones y las de los demás, considera a quienes lo rodean y se da cuenta de que son tan dignos de amor como usted.

Adoptar los principios bíblicos en el mundo moderno es un acto revolucionario. Así como Jesús condenó a muchos de los líderes judíos en el *Antiguo Testamento* porque habían perdido el espíritu de la ley, muchos líderes de la iglesia están en el mismo camino hoy en día. No tiene sentido que un predicador tenga riquezas excesivas y se siente entre celebridades mientras la gente de su congregación sufre. Abrazar el espíritu de Dios a través de las enseñanzas de la *Biblia* significa alienación en muchos casos, pero al igual que la Iglesia primitiva, que sufrió persecución, una abundancia de luz y transformación espiritual es la recompensa por mostrar firmeza en la fe.

Aplicar la *Biblia* a su vida

Personal

Los seres humanos somos criaturas sociales. Así que, en esencia, su vida personal comprende relaciones, incluyendo amistades, familia y vínculos románticos. Las *Escrituras* enseñan el amor desinteresado, por lo que este es el valor fundamental que debe impregnar sus relaciones. El amor debe ser la fuerza que impulsa su comportamiento en sus relaciones. El amor que Dios le muestra es lo que debe transmitir al mundo. Ser indulgente, paciente, ecuánime, desinteresado y alentador debe reemplazar el impulso de destruir a los otros sin sentido. El mundo promueve la competencia y la envidia, pero en la *Biblia* la colaboración es la guía, porque las *Escrituras* ordenan amar al prójimo como a sí mismo.

Profesional

La literatura de la sabiduría enseña la importancia del trabajo duro. No es probable que una persona perezosa gane tanto como una trabajadora. Por eso, en su vida profesional, es aconsejable darlo todo. Sin embargo, las enseñanzas de la Sabiduría se basan en la probabilidad.

Por lo tanto, trabajar duro no es garantía de conseguir riquezas. Haciendo lo mejor que pueda, pero reconociendo que todo está en manos de Dios, es como reconoce la soberanía del Señor en su vida profesional.

La enseñanza central de las *Escrituras*, que es el amor a Dios y al prójimo, debe aflorar en su lugar de trabajo. Esto no significa que deba predicar a la hora del trabajo, pero en la mesa del almuerzo, un poco de evangelismo podría ser útil si es creyente. Además, sembrando el amor en su conducta con sus colegas es como construye relaciones profesionales bíblicas. Las traiciones y las actitudes insidiosas no son lo que enseñan las *Escrituras*. Recuerde que el sistema económico está bajo el control del diablo, por lo que es fácil caer en formas perversas en el trabajo. Mantenerse enfocado en Dios y confiar en su guía le permite manifestar su justicia, misericordia y amor en el lugar de trabajo.

La conducta honesta como profesional es esencial. El juicio por explotación en la *Biblia* es duro. Si tiene un negocio o trabaja para alguien, recuerde que el Señor no ve con buenos ojos a quienes se aprovechan de los demás. Por mucho que necesite ganar dinero para sobrevivir en el mundo, no debe centrarse tanto en el lujo y las posesiones materiales, que erosionan su carácter moral. Cristo enseñó que es más fácil para los ricos pasar por el ojo de una aguja que entrar en el cielo. Esto no era una condena a la riqueza, sino una advertencia de que el materialismo corrompe fácilmente. Un cristiano debe trabajar para vivir, no vivir para trabajar, porque entonces su trabajo se convierte en un ídolo.

La sociedad

La sociedad se basa en los principios darwinianos de la supervivencia del más fuerte. El mito de la meritocracia ya no es sostenible y cada vez son más las personas que se desilusionan con el sistema mundial. La *Biblia* llama a Satanás el dios de este siglo y gobernante del mundo. Eso no significa que Satanás sea equivalente a Dios. Tampoco quiere decir que Satanás comparta el poder de Dios como creador del universo. Sin embargo, pone de relieve la realidad de que las instituciones y estructuras del mundo cayeron en el mal, incluidos los medios de comunicación, la educación, los gobiernos y la economía.

Piense en un objeto tan sencillo como su celular. Miles de personas fueron explotadas para crear ese producto. Les pagan mal y las condiciones de las minas donde trabajan para obtener los materiales son peligrosas. Muchas de las fábricas que ensamblan y construyen teléfonos son explotadoras. Se puede trazar una ruta similar de opresión para casi todos los bienes que poseemos. Por lo tanto, las estructuras del mundo son perversas. Las naciones del *Antiguo Testamento* recibieron el mayor castigo cuando maltrataron a los vulnerables. En el mercado económico mundial, los pobres son los más vulnerables y el sistema se desmoronaría sin su explotación.

Actuar como cristiano exige que socialmente eleve a los vulnerables, como los pobres, los huérfanos, los drogadictos y los explotados del mundo. Por lo tanto, sus acciones deben estar orientadas a garantizar que se atienda a quienes más necesitan amor. Usted solo no puede cambiar la sociedad ni el mal funcionamiento del mundo, pero eso no significa que deba quedarse estancado. Jesús dijo que, con una fe del tamaño de un grano de mostaza, se pueden mover montañas (*Mateo* 17: 20-21), por lo que es importante recordar el poder transformador que hay en usted si se aferra a la voluntad del Altísimo.

Actividad

Reflexione sobre los temas y principios de la *Biblia*. Destaque algunas enseñanzas clave. Escriba cómo puede aplicar estos principios en las distintas áreas de su vida, incluyendo la familia, las finanzas, las relaciones y cualquier otra cosa que desee incluir. Piense en sus triunfos y luchas y en cómo utilizar los principios bíblicos para sortear estas complejidades.

Conclusión

Al leer y trabajar con esta guía, desmitificó la *Biblia*. Ahora tiene los conocimientos básicos para sobresalir en el descubrimiento continuo de la verdad de las *Escrituras*. Es posible que no todas las lecciones hayan resonado con usted ahora, pero a medida que la vida pasa, verá que algunas partes del libro se vuelven más relevantes si vuelve a repasarlas. Por tanto, no dude en repasar los ejercicios tantas veces como necesite y revisar las explicaciones teóricas a medida que profundiza en sus conocimientos.

Estudiar la *Biblia* no es una actividad de un día. Como está vivo, el texto revela nuevas capas cada vez que lo explora. Esta guía de trabajo es una plataforma de lanzamiento desde la que puede partir para explorar nuevos territorios. Explorar resulta más fácil cuando se sabe dónde mirar y se dispone de un mapa. Sin embargo, es solo durante el viaje que realmente accede a todas las posibilidades de la aventura. La diferencia entre leer la *Biblia* y vivir sus principios es igual a la de ver una maravilla natural en la televisión o en una foto y verla en la vida real. Si ve una foto, puede describirla con detalle, pero cuando está en medio de un milagro, lo experimenta y se transforma profundamente.

Este libro fue concebido para vincular la visión erudita de la *Biblia* con los aspectos prácticos y espirituales del texto. La diferencia entre el conocimiento y la sabiduría es la experiencia. Puede leer un millón de libros sobre los detalles de las cirugías cardíacas, pero nunca tendrá la experiencia necesaria si no entra al quirófano y empieza a operar. Lo mismo se aplica a la comprensión de la *Biblia*. Algunas de las lecciones más profundas solo se encuentran poniendo en práctica el trabajo.

Aunque llegó al final de este libro, el viaje apenas empieza. Hay personas que han dedicado su vida entera a estudiar y vivir las *Escrituras*. A medida que siga los hilos entretejidos en estas actividades, su camino continuará hacia nuevas maravillas. Dios es perfecto, y a medida que estudia la *Biblia* para acercarse a Él, recorre el viaje de la vida para perfeccionarse a través de la gracia de Cristo. Este libro es una herramienta que le ayuda a fortalecer su relación con el Altísimo y a seguir los principios bíblicos bajo la guía soberana del Señor. La justicia, la misericordia y la gracia del Señor gobiernan todo, así que, al conectarse con su poder a través del estudio y la aplicación de las *Escrituras*, puede descansar en su amorosa presencia.

Mira otro libro de la serie

Referencias

Kapp, Tristán. (2020). *Hacia una tierra prometida: Rastreando los orígenes de Israel y la colonización de Canaán desde Josué 1-12 hasta Jueces 1-2.* 10.13140/RG.2.2.16111.87209.

Hágase Dios: Cómo Yahvé se convirtió en «Dios Todopoderoso». (2022, 22 de junio). Big Think. https://bigthink.com/the-past/yahweh-god-origins-israel/

Norman, J. (s.f.). *El calendario Gezer, Uno de los primeros ejemplos conservados de hebreo escrito:* History of Information. Historyofinformation.com. https://www.historyofinformation.com/detail.php?id=1280

Smith, M. S. (2004). *Las memorias de Dios: Historia, memoria y la experiencia de lo divino en el antiguo Israel.* Fortress Press.

Smith, M. S., y Miller, P. D. (2002). *La historia primitiva de Dios: Yahvé y las otras deidades en el antiguo Israel.* William B. Eerdmans Publishing Company.

¿Cuál era el significado de los mandamientos contra la mezcla con tribus diferentes en Deuteronomio 22:9-11? (s.f.). GotQuestions.org. https://www.gotquestions.org/commands-against-mixing.html

Nueva Versión Internacional. (2011). BibleGateway.com. http://www.biblegateway.com/versions/

qdroach. (2013, 21 de marzo). *Otra razón para aprender la historia global de la Biblia.* BibleMesh. https://biblemesh.com/blog/another-reason-to-learn-the-bibles-overarching-story/

Isaacs, R. H. (s.f.). *Un resumen de la Torá.* My Jewish Learning. https://www.myjewishlearning.com/article/a-summary-of-the-torah/

Ondich, J. (2022). *La Torá.* Minnstate.pressbooks.pub. https://minnstate.pressbooks.pub/bible/part/the-torah/

Vaillancourt, I. J. (2022, 6 de noviembre). *Diez cosas que debe saber sobre el Pentateuco*. Crossway. https://www.crossway.org/articles/10-things-you-should-know-about-the-pentateuch/

Berger, B. (2019, 5 de diciembre). *Jueves de teología: ¿Qué son los pactos bíblicos?* GCU. https://www.gcu.edu/blog/theology-ministry/theology-thursday-what-are-biblical-covenants

George, J. (2023, 22 de junio). *Estructura literaria de la Biblia: Libros del Antiguo y Nuevo Testamento*. Christianity.com. https://www.christianity.com/wiki/bible/literary-structure-of-the-bible-11528149.html

Resumen rápido - *Historia de la Biblia*. (s.f.). Bible-History.com. https://bible-history.com/old-testament/quicksummary

Schochet, D. (s.f.). *La historia del rey David en la Biblia*. Jabad.org. https://www.chabad.org/library/article_cdo/aid/520477/jewish/The-Story-of-King-David-in-the-Bible.htm#Davids

Su Amigo Adventista. (2022, 29 de abril). *¿Quiénes fueron los jueces de Israel en el Antiguo Testamento?* AskAnAdventistFriend.com. https://www.askanadventistfriend.com/understanding-the-bible/old-testament/judges-of-israel/

Introducción al libro de Proverbios | Bible.org. (s.f.). Bible.org. https://bible.org/article/introduction-book-proverbs

Libro de los Proverbios - Leer, estudiar versículos de la Biblia online. (s.f.). Herramientas de Estudio de la Biblia. https://www.biblestudytools.com/proverbs/

Libro de Proverbios - Insight for Living Ministries. (s.f.). Insight.org. https://insight.org/resources/bible/the-wisdom-books/proverbs

Gaiser, F. (s.f.). *Resumen de los Salmos*. Enter the Bible. https://enterthebible.org/courses/psalms/lessons/summary-of-psalms

Guía del libro de los Salmos: Información clave y recursos útiles. (s.f.). BibleProject. https://bibleproject.com/guides/book-of-psalms/

Limburg, J. (s.f.). *Temas teológicos en Proverbios*. Enter the Bible. https://enterthebible.org/courses/proverbs/lessons/theological-themes-in-proverbs

Temas principales del Eclesiastés | Agua en tierra sedienta. (2021, 19 de mayo). Agua en tierra sedienta. https://www.wateronthirstyland.com/ecclesiastes-bible-book-overview/

Parábolas en el Antiguo Testamento - Historia de la Biblia. (s.f.). Bible-History.com. https://bible-history.com/old-testament/parables

Resumen del libro de los Salmos - Estudio Bíblico. (s.f.). GotQuestions.org. https://www.gotquestions.org/Book-of-Psalms.html

Las parábolas del Antiguo Testamento. (2019, 20 de febrero). Livingwithfaith.org. http://www.livingwithfaith.org/blog/the-parables-of-the-old-testament

¿Cuál es el trasfondo de Proverbios? (s.f.). Bibles.net. https://www.bibles.net/book-background/background-of-proverbs/

Baxter, M. (1988). *La formación de las Escrituras cristianas.* Westminster John Knox Press. Cline, A. (2019, 25 de junio). *Tres Evangelios sinópticos -* Comparación y contraste. Learn Religions. https://www.learnreligions.com/synoptic-gospel-problem-248782

Ford, C. (s.f.). *Controversias cristológicas en la Iglesia primitiva.* The Gospel Coalition. https://www.thegospelcoalition.org/essay/christological-controversies-in-the-early-church/

Long, K. (2022, 8 de septiembre). *Los Evangelios sinópticos comparados con el Evangelio de Juan.* Bart D. Ehrman - New Testament Scholar, Speaker, and Consultant. https://www.bartehrman.com/the-synoptic-gospels/

Mackie, T., & Sullivan, A. (2017, 26 de mayo). *Viejos rituales y nuevas realidades: El Día de la Expiación y la muerte de Jesús.* BibleProject. https://bibleproject.com/articles/old-rituals-new-realities/

Orr, P. (2023, 10 de enero). ¿Qué distingue a la teología de Marcos? Crossway. https://www.crossway.org/articles/what-is-distinct-about-the-theology-of-mark/

Parton, C. (2012, 9 de noviembre). *¿Por qué rechazaron los primeros cristianos los «Evangelios alternativos»?* Exploring the Faith. https://exploringthefaith.com/2012/11/09/alternative-gospels/

Personal de BibleStudyTools. (2019, 23 de enero). *Pablo en la Biblia. Herramientas de estudio de la Biblia;* Red Web de Salem. https://www.biblestudytools.com/topical-verses/paul-in-the-bible/

Curtis, D. B. (2008, 30 de marzo). *De Jerusalén a Roma - Hechos 1:6-8:* Iglesia Bíblica Berea. Www.bereanbiblechurch.org. https://www.bereanbiblechurch.org/transcripts/acts/1_6-8.htm

Fairchild, M. (2019, 6 de mayo). *Descubra de qué trata el libro bíblico de los Hechos.* Learn Religions. https://www.learnreligions.com/book-of-acts-701031

Henrich, S. (s.f.). *Antecedentes de los Hechos.* Enter the Bible. https://enterthebible.org/courses/acts/lessons/background-of-acts

Jakes, M. (2023, 10 de marzo). *¿Quién escribió el libro de los Hechos?* Biblestudytools.com. https://www.biblestudytools.com/bible-study/topical-studies/who-wrote-the-book-of-acts.html

Nelson, R. (2019, 29 de marzo). *¿Quién fue san Lucas? Guía para principiantes.* OverviewBible. https://overviewbible.com/saint-luke/

Stam, K. (2014). *Hechos 6:7 - La palabra que crece* | Biblioteca cristiana. Christianstudylibrary.org. https://www.christianstudylibrary.org/article/acts-67-%E2%80%93-growing-word

Vickers, B. (2019, 30 de septiembre). *¿Qué son las lenguas de fuego?* (Hechos 2). Crossway. https://www.crossway.org/articles/what-are-the-tongues-of-fire-acts-2/

Lo que significa «católico». (2018, 19 de noviembre). Catholic Answers. https://www.catholic.com/tract/what-catholic-means

¿Qué es el día de Pentecostés? (s.f.). GotQuestions.org. https://www.gotquestions.org/day-Pentecost.html

¿Cuál es la definición de la palabra católico? | GotQuestions.org. (2010, 13 de noviembre). GotQuestions.org. https://www.gotquestions.org/Catholic-meaning-definition.html

¿Quién era Pablo en la Biblia? (2009, 12 de diciembre). GotQuestions.org. https://www.gotquestions.org/life-Paul.html

¿Por qué estuvo Pablo en prisión? (s.f.). GotQuestions.org. https://www.gotquestions.org/why-was-Paul-in-prison.html

Guía rápida de las epístolas paulinas | PanoramaBiblia. (2018). OverviewBible. https://overviewbible.com/pauline-epistles/Libro de Hebreos | Guía con información clave y recursos. (s.f.). BibleProject. https://bibleproject.com/guides/book-of-hebrews/

Libro deuteropaulino. (s.f.). Entre en la Biblia. https://enterthebible.org/glossary/deutero-pauline-book

Ehrman, B. D. (2009). *Breve introducción al Nuevo Testamento.* Oxford University Press, EE.UU.GotQuestions.org. (2006, 16 de mayo).

¿Quién escribió el Libro de Hebreos? | GotQuestions.org. GotQuestions.org. https://www.gotquestions.org/author-Hebrews.html

Guzik, D. (2015, 7 de diciembre). *Comentario bíblico de 2 Tesalonicenses capítulo 2.* Enduring Word. https://enduringword.com/bible-commentary/2-thessalonians-2/

Hultgren, A. J. (s.f.). *Cuestiones introductorias en 1 Timoteo.* Enter the Bible. https://enterthebible.org/courses/1-timothy/lessons/introductory-issues-in-1-timothy

Judas - Capítulos y resumen del libro de la Biblia - Nueva Versión Internacional. (s.f.). Www.christianity.com. https://www.christianity.com/bible/niv/jude/

Just, F. (s.f.). *Epístolas deuteropaulinas.* Catholic-Resources.org. https://catholic-resources.org/Bible/Paul-Disputed.htm

Just, F. (s.f.). *Epístolas de Pedro*. Catholic-Resources.org. https://catholic-resources.org/Bible/Epistles-Peter.htm

O'Neal, S. (2018, 22 de julio). *Estudio de las epístolas paulinas*. Learn Religions. https://www.learnreligions.com/overview-the-epistles-of-the-new-testament-363407

Resumen del libro de 1 Corintios - Estudio bíblico. (s.f.). GotQuestions.org. https://www.gotquestions.org/Book-of-1-Corinthians.html

Resumen del libro de 2 Timoteo - Estudio bíblico. (s.f.). GotQuestions.org. https://www.gotquestions.org/Book-of-2-Timothy.html

Resumen del Libro de Efesios - Estudio Bíblico. (s.f.). GotQuestions.org. https://www.gotquestions.org/Book-of-Ephesians.html

Resumen del Libro de Gálatas - Estudio Bíblico. (s.f.). GotQuestions.org. https://www.gotquestions.org/Book-of-Galatians.html

Swindoll, C. (s.f.). *Revisión del libro 1 Tesalonicenses* - Insight for Living Ministries. Insight.org. https://insight.org/resources/bible/the-pauline-epistles/first-thessalonians

Swindoll, C. (s.f.). *Revisión de la epístola de Santiago* - Insight for Living Ministries. Insight.org. https://insight.org/resources/bible/the-general-epistles/james

Swindoll, C. (2020). *Revisión de 2 Corintios* - Insight for Living Ministries. Insight.org. https://insight.org/resources/bible/the-pauline-epistles/second-corinthians

Teología del trabajo. (s.f.). *Resumen y conclusión de Romanos*. Teología del trabajo. https://www.theologyofwork.org/new-testament/romans-and-work/conclusions-romans/

Teología del trabajo. (s.f.). *Las epístolas pastorales y el trabajo*. Teología del trabajo. https://www.theologyofwork.org/new-testament/pastoral-epistles/

¿Qué son las Epístolas Generales? (s.f.). GotQuestions.org. https://www.gotquestions.org/general-epistles.html

Whittaker, J. (2022, 2 de agosto). *Resumen de Colosenses: Entendiendo lo básico de Colosenses en la Biblia*. Renew.org. https://renew.org/summary-of-colossians-understanding-the-basics-of-colossians-in-the-bible/

¿Quién era Filemón en la Biblia? (s.f.). GotQuestions.org. https://www.gotquestions.org/Philemon-in-the-Bible.html

Koester, C. R. (s.f.). *Resumen del Apocalipsis*. Enter the Bible. https://enterthebible.org/courses/revelation/lessons/summary-of-revelation

Pagels, E. (2012, 7 de marzo). *Libro del Apocalipsis: «Visiones, profecía y política»*. Npr.org. https://www.npr.org/2012/03/07/148125942/the-book-of-revelation-visions-prophecy-politics

Apocalipsis: No es ningún misterio. (s.f.). Archivo GCI.
https://archive.gci.org/articles/revelation-its-no-mystery/

White, L. M. (s.f.). *¡Libro de la revelación | Apocalipsis!* FRONTLINE |
PBS. Www.pbs.org.
https://www.pbs.org/wgbh/pages/frontline/shows/apocalypse/revelation/white.ht
ml

¿Debemos soltar y dejar a Dios? (s.f.). GotQuestions.org.
https://www.gotquestions.org/let-go-and-let-God.html

Seminario Teológico Grace. (2022, 27 de mayo). *¿Qué significa la fe?*
Seminario Teológico Grace. https://seminary.grace.edu/what-does-faith-mean/

Hanegraaff, H. (2023, 2 de mayo). *¿Por qué se llama a Satanás «el dios de este
siglo»?* Christian Research Institute. https://www.equip.org/bible_answers/why-
is-satan-called-the-god-of-this-age/

El amor en la Biblia | Guía de recursos | BibleProjectTM. (s.f.). BibleProject.
https://bibleproject.com/guides/love-in-the-bible/

Teología del trabajo. (s.f.). *Diez puntos clave sobre el trabajo en la biblia que
todos los cristianos deben conocer.* Theology of Work.
https://www.theologyofwork.org/resources/what-does-the-bible-say-about-work/

Fuentes de imágenes

[1] *NYC Wanderer (Kevin Eng), CC BY-SA 2.0* https://creativecommons.org/licenses/by-sa/2.0, *vía Wikimedia Commons:* https://commons.wikimedia.org/wiki/File:Gutenberg_Bible,_Lenox_Copy,_New_York_Public_Library,_2009._Pic_01.jpg

[2] https://pixabay.com/illustrations/sunset-island-sea-silhouette-girl-485016/

[3] *HOWI - Horsch, Willy, CC BY-SA 4.0* https://creativecommons.org/licenses/by-sa/4.0, *vía Wikimedia Commons:* https://commons.wikimedia.org/wiki/File:K%C3%B6ln-Tora-und-Innenansicht-Synagoge-Glockengasse-040.JPG

[4] *John Snyder, CC BY-SA 3.0* https://creativecommons.org/licenses/by-sa/3.0, *vía Wikimedia Commons* https://commons.wikimedia.org/wiki/File:The_Book_of_Genesis.jpg

[5] https://commons.wikimedia.org/wiki/File:Edward_Hicks,_American_-_Noah%27s_Ark_-_Google_Art_Project.jpg

[6] *Distant Shores Media/Sweet Publishing, CC BY-SA 3.0* https://creativecommons.org/licenses/by-sa/3.0, *vía Wikimedia Commons* https://commons.wikimedia.org/wiki/File:Book_of_Exodus_Chapter_15-7_%28Bible_Illustrations_by_Sweet_Media%29.jpg

[7] *Distant Shores Media/Sweet Publishing, CC BY-SA 3.0* https://creativecommons.org/licenses/by-sa/3.0, *vía Wikimedia Commons* https://commons.wikimedia.org/wiki/File:Book_of_Deuteronomy_Chapter_32-4_%28Bible_Illustrations_by_Sweet_Media%29.jpg

[8] https://pixabay.com/illustrations/grateful-thankful-appreciation-1988951/

[9] https://www.pexels.com/photo/close-up-of-book-in-jewish-15126093/

[10] *Henk Monster, CC BY 3.0* https://creativecommons.org/licenses/by/3.0, *vía Wikimedia Commons* https://commons.wikimedia.org/wiki/File:King_David_playing_at_his_harp_in_the_St_Bavochurch_Haarlem_-_panoramio.jpg

[11] https://www.pexels.com/photo/text-on-a-white-paper-11506033/

[12] https://www.pexels.com/photo/writing-typography-blur-business-14274670/

[13] *Véase la página del autor, CC BY 4.0* https://creativecommons.org/licenses/by/4.0, *vía Wikimedia Commons* https://commons.wikimedia.org/wiki/File:Death,_symbolism;_three_skeletons_with_roundel_of_corpses,_Wellcome_L0000680.jpg

[14] https://pixabay.com/illustrations/bible-prophecy-cross-christianity-2062081/

[15] *Voluntario Misionero, CC BY-SA 2.0* https://creativecommons.org/licenses/by-sa/2.0, *vía Wikimedia Commons* https://commons.wikimedia.org/wiki/File:Isaiah_%281%29.jpg

[16] *Giorgio Ghisi, CC0, vía Wikimedia Commons* https://commons.wikimedia.org/wiki/File:The_Prophet_Jeremiah,_from_the_series_of_Prophets_and_Sibyls_in_the_Sistine_Chapel_MET_DP821566.jpg

[17] *Giorgio Ghisi, CC0, vía Wikimedia Commons* https://commons.wikimedia.org/wiki/File:The_Prophet_Ezekiel,_from_the_series_of_Prophets_and_Sibyls_in_the_Sistine_Chapel_MET_DP821561.jpg

[18] *Ted, Atribución-CompartirIgual 2.0 Genérico, CC BY-SA 2.0 DEED* https://creativecommons.org/licenses/by-sa/2.0/ https://www.flickr.com/photos/frted/5692055059

[19] *Hans Bernhard (Schnobby), CC BY-SA 3.0* https://creativecommons.org/licenses/by-sa/3.0, *vía Wikimedia Commons* https://commons.wikimedia.org/wiki/File:Prophet_Hosea_in_Augsburg_Cathedral.jpg

[20] *Giorgio Ghisi, CC0, vía Wikimedia Commons* https://commons.wikimedia.org/wiki/File:The_Prophet_Joel,_from_the_series_of_Prophets_and_Sibyls_in_the_Sistine_Chapel_MET_DP821553.jpg

[21] *Ted, Reconocimiento-CompartirIgual 2.0 Genérico CC BY-SA 2.0 DEED* https://creativecommons.org/licenses/by-sa/2.0/ https://www.flickr.com/photos/frted/6995565615

[22] *Sailko, CC BY 3.0* https://creativecommons.org/licenses/by/3.0, *vía Wikimedia Commons* https://commons.wikimedia.org/wiki/File:Melozzo_da_forl%C3%AC,_angeli_coi_simboli_della_passione_e_profeti,_1477_ca.,_profeta_abdia_01.jpg

[23] *PravoslavnyChristianin, CC0, через Викисклад* https://commons.wikimedia.org/wiki/File:Prophet_Nahum.webp?uselang=ru

[24] *Ted, Reconocimiento-CompartirIgual 2.0 Genérico CC BY-SA 2.0 DEED* https://creativecommons.org/licenses/by-sa/2.0/ https://www.flickr.com/photos/frted/5692625836

[25] *George E. Koronaios, CC BY-SA 4.0* https://creativecommons.org/licenses/by-sa/4.0, *vía Wikimedia Commons* https://commons.wikimedia.org/wiki/File:Mural_depicting_the_Prophet_Zephaniah_%28Sophonias%29_at_the_Cathedral_of_Athens_on_June_4,_2022.jpg

[26] *Jojojoe, CC BY-SA 3.0* https://creativecommons.org/licenses/by-sa/3.0, *vía Wikimedia Commons* https://commons.wikimedia.org/wiki/File:Zechariah_Hajdudorog.JPG

[27] *Véase la página del autor, CC BY 4.0* https://creativecommons.org/licenses/by/4.0, *vía Wikimedia Commons* https://commons.wikimedia.org/wiki/File:The_Four_Gospels,_1495,_Gospel_of_St_John_4;_43-46,_s_Wellcome_L0031113.jpg

[28] *User: Murphnspud101, CC BY-SA 3.0* https://creativecommons.org/licenses/by-sa/3.0, *vía Wikimedia Commons* https://commons.wikimedia.org/wiki/File:Jesus_Christ_2014-05-19_10-06.jpg

[29] *Farragutful, CC BY-SA 4.0* https://creativecommons.org/licenses/by-sa/4.0, *vía Wikimedia Commons* https://commons.wikimedia.org/wiki/File:Saint_Andrew_-_Roanoke_interior_01.jpg

[30] *Ted, Reconocimiento-CompartirIgual 2.0 Genérico CC BY-SA 2.0 DEED* https://creativecommons.org/licenses/by-sa/2.0/ https://www.flickr.com/photos/frted/5692052863

[31] https://www.pexels.com/photo/close-up-shot-of-a-person-reading-a-book-with-rosary-5206844/

[32] *FlippyFlink, CC BY-SA 4.0* https://creativecommons.org/licenses/by-sa/4.0, *vía Wikimedia Commons:* https://commons.wikimedia.org/wiki/File:King_James_Bible-New_Testament.jpg

[33] https://pixabay.com/vectors/end-hourglass-the-end-mysterious-4109186/

[34] https://www.pexels.com/photo/scriptures-from-a-bible-5247486/

[35] https://pixabay.com/vectors/business-idea-style-concept-goals-1753098/